GEWÜRZ
MANUFAKTUR

CRAFT SPICES

GEWÜRZMISCHUNGEN
SELBER MACHEN UND
KREATIV VERPACKEN

VORWORT

Gewürzmischungen sind heute beliebter denn je. Neben den klassischen Mischungen wie Kräuter der Provence, Garam Masala und oder auch dem Curry überfluten gerade auch neuartige und manchmal ungewöhnliche Gewürzmixturen den Lebensmittelmarkt. Doch warum eine Gewürzmischung kaufen, wenn man sie auch ganz schnell selber herstellen kann? Das Mischen von Gewürzen ist nicht schwer, macht Spaß und Sie können Ihre Mischung ganz nach persönlichem Geschmack kreieren.

In diesem Buch finden Sie 35 Gewürzmischungen – von pikant und würzig über salzig und scharf bis hin zu süßen Mischungen für Desserts oder Gebäck. Wenn Sie beim Mischen auf der sicheren Seite sein wollen, dann arbeiten Sie genau nach Anleitung. Seien Sie aber auch kreativ und geben Sie gerne von Ihrem Lieblingsgewürz etwas mehr hinzu. Anschließend können Sie Ihre Mischung mit Hilfe der Rezepte sofort ausprobieren. Die Gewürzporträts am Anfang geben Ihnen darüber hinaus Tipps für die Verwendung der einzelnen Gewürze in der Küche, und mit den liebevollen Verpackungen am Ende lassen sich die fertigen Mischungen auch wunderbar verschenken.

Ich wünsche Ihnen viel Spaß beim Mischen, Kochen, Basteln und Verschenken sowie einen guten Appetit.

Anne Iburg

INHALTS-VERZEICHNIS

ETIKETTEN ZUM DOWNLOAD
Die Vorlagen zu diesem Buch stehen im TOPP Download-Center unter www.topp-kreativ.de/downloadcenter nach erfolgter Registrierung zum Ausdrucken bereit. Den Freischalte-Code finden Sie im Impressum.

GEWÜRZKUNDE 9

ANIS 10
BASILIKUM 11
BOCKSHORNKLEE 12
BOHNENKRAUT 13
CHILI 14
DILL 15
FENCHEL 16
INGWER 17
KARDAMOM 18
KORIANDER 19
KREUZKÜMMEL 20
KURKUMA 21
LORBEER 22
MAJORAN UND OREGANO 23
MUSKAT UND MACIS 24
NELKE 25
PAPRIKA 26
PETERSILIE 27
PFEFFER 28
PIMENT 29
ROSMARIN 30
SAFRAN 31
SALBEI 32
SCHNITTLAUCH 33
SICHUANPFEFFER 34
STERNANIS 35
THYMIAN 36
TONKABOHNE 37
VANILLE 38
WACHOLDER 39
ZIMT 40
ZITRONENGRAS 41

GEWÜRZMISCHUNGEN SELBER MACHEN 42

PIKANT & WÜRZIG ... 46

GOLDENER KRÄUTERGARTEN ... 48
TANGO PICANTE ... 50
ZUCCHINIZAUBER ... 52
EIN HAUCH NEAPEL ... 54
TEMPEL VON BANGKOK ... 56
BONJOUR MARSEILLE ... 58
RISOTTOPARFUM ... 60
MIDSOMMAR-MISCHUNG ... 62
GRÜNER DAUMEN ... 64

SALZIG ... 66

SOMMER IN APULIEN ... 68
MEDEA-SALZ ... 70
JUWEL AUS JAIPUR ... 72
BLÜTEN DES ORIENTS ... 74
BENGALISCHE NACHT ... 76
SONNE VON SANTORIN ... 78
AN DER WATERKANT ... 80
DUFT DER MORGENRÖTE ... 82

SCHARF ... 84

FEUER DER KARIBIK ... 86
TANZ MIT DEM TEUFEL ... 88
NEW ORLEANS FEVER ... 90
KUSS AUS KONSTANTINOPEL ... 92
IM RAUSCH DES ORIENTS ... 94
SULTANS SÜNDE ... 96
FEURIGER GARTEN ... 98
DAS LÄCHELN DES BUDDHA ... 100
WUNDER VON ODISHA ... 102
TROPISCHE HITZE ... 104

SÜSS ... 106

HÄNSELS VERSUCHUNG ... 108
SCHÄTZE DER SONNE ... 110
SCHNEEWITTCHENS GEHEIMNIS ... 112
OMAS WAFFELZAUBER ... 114
CHRISTKINDS KÖSTLICHKEIT ... 116
GOLD DER AZTEKEN ... 118
DAS MAGISCHE QUARTETT ... 120
NASCHKÄTZCHEN ... 122

CRAFT WRAPPING ... 124

WITH LOVE ... 126
GLÜCK AUS DER KÜCHE ... 128
GENIESSEN IST EINE KUNST ... 130
BRIEF UND SIEGEL ... 132
ENJOY ... 134
PRAISE THE COOK ... 136
VIEL SPASS BEIM KOCHEN ... 138

REGISTER ... 140
IMPRESSUM ... 144

Passend zu jeder Gewürzmischung finden Sie eine köstliche Rezeptidee auf derselben Seite.

GEWÜRZKUNDE

ANIS
PIMPINELLA ANISUM

HERKUNFT
Asien

FAMILIE
Doldengewächse
(Umbelliferae, Apiaceae)

SYNONYME
Anissamen, Süßer Kümmel, Brotsamen

VERWENDUNGSFORMEN
getrocknete Samen (ganz oder gemahlen)

Die genaue Herkunft der Anispflanze ist nicht bekannt. Vermutlich stammt sie aus dem Orient, wurde aber schon in der Antike im Mittelmeerraum kultiviert. Botanisch eng verwandt mit Dill, Fenchel, Kümmel und Koriander, wächst die einjährige, krautige Pflanze bis zu 60 cm hoch und hat tief gespaltene, runde Blätter. Aus den Dolden mit den weißen Blüten entwickeln sich die Doppelspaltfrüchte. Die Samen sind 3–6 mm lang, etwa 2 mm breit und leicht sichelförmig. Je nach Herkunft sind sie hellgraugrün oder graubräunlich. Zur Reifezeit wird die Pflanze geschnitten und anschließend gedroschen.

Da Anis sehr viel Sonne braucht, um seinen typischen Geschmack zu entwickeln, wird die Pflanze heute vor allem im Süden Europas, aber auch in Indien, Mittel- und Südamerika angebaut. Wegen seiner leicht entkrampfenden Wirkung wird Anis in der Pflanzenheilkunde zur Linderung von Verdauungsbeschwerden wie Blähungen und Völlegefühl eingesetzt. Mit Anis gewürzter Schnaps wie etwa der griechische Ouzo oder der aus der Türkei stammende Raki werden daher gern als Digestif getrunken.

▶ Anis ist Bestandteil der süßen Gewürzmischung Omas Waffelzauber (S. 114).

IN DER KÜCHE

Aroma Anis riecht angenehm süßlich und aromatisch. Das Gewürz schmeckt würzig und frisch.

Verwendung Anis würzt vor allem Weihnachtsgebäck, aber auch Brot und Kuchen. Auch Süßspeisen wie Obstsalate, Apfel- und Birnenkompott, Milch- und Grießspeisen sowie Pflaumenmus werden mit Anis verfeinert. Spirituosen wie Pastis, Pernod, Ricard, Anisette, Ouzo, Arrak oder und Sambuca erhalten ihr lakritzähnliches Aroma durch den Anis.

Lagerung Trocken, kühl, dunkel und luftdicht verschlossen aufbewahrt hält Anis sein Aroma etwa ein Jahr.

KÜCHENTIPPS

Ganze Anissamen entwickeln ihr volles Aroma, wenn Sie sie vor der Verwendung in einem Mörser zerstoßen.
Anis ist sehr aromatisch, gehen Sie beim Kochen und Backen daher sparsam damit um.
Anis ist ein Einzelgängergewürz, das sich schlecht mit anderen stark aromatischen Gewürzen verträgt.

BASILIKUM
OCIMUM BASILICUM

HERKUNFT
Asien

FAMILIE
Lippenblütler
(Labiatae, Lamiaceae)

SYNONYME
Basilkraut, Hirtenbasilie, Josefskräutlein, Königsbalsam, Königskraut

VERWENDUNGSFORMEN
Blätter (frisch oder getrocknet)

Die Heimat des Basilikums ist Vorderindien, aber schon zur Zeit der Römer wurde im heutigen Italien Basilikum angepflanzt. Der Name leitet sich von dem altgriechischen Wort für „König“ ab. Im deutschsprachigen Raum wird die Pflanze daher auch als Königskraut oder Königsbalsam bezeichnet. In Indien gilt Basilikum als heilige Pflanze und wurde früher bei religiösen Zeremonien verwendet. Nach Mitteleuropa hat vermutlich Karl der Große das Kraut gebracht, wo es im Mittelalter als Heilpflanze in Klostergärten angebaut wurde.

Heute wird Basilikum sowohl in den Tropen als auch in den gemäßigten Breiten kultiviert. Je intensiver die Sonneneinstrahlung, desto besser entfaltet sich das Aroma. Die in unseren Breiten einjährige Pflanze mit den großen, kräftig grünen, ovalen Blättern bildet im Spätsommer weiße oder zartrosa bis lilafarbene Blüten, die in Ähren angeordnet sind. Basilikum wird bis zu 50 cm hoch. Für Geruch und Geschmack sind eine Vielzahl von ätherischen Ölen verantwortlich. Die Gattung *Ocimum* besteht aus über 60 verschiedenen Arten, die sich in der Farbe und in der Form der Blätter unterscheiden. Die exotischen lilafarbenen Sorten heißen zum Beispiel ‚Dark Opal‘ oder ‚Purple Delight‘. Darüber hinaus gibt es Zitronen-, Zimt- und Anisbasilikum mit unterschiedlichen Aromanuancen.

▶ Basilikum ist Bestandteil der Gewürzmischungen Sultans Sünde (S. 96), Feuriger Garten (S. 98), Zucchinizauber (S. 52) und Sommer in Apulien (S. 68).

IN DER KÜCHE

Aroma Basilikum schmeckt süß-würzig und angenehm pfeffrig. Dadurch verleiht es Speisen ein frisches Aroma. Getrocknetes Basilikum hat ein weniger intensives und leicht kratziges Aroma.

Verwendung Basilikum ist das klassische Gewürz der italienischen Küche und wichtiger Bestandteil von Gerichten wie Pesto, Caprese und Pizza Margherita. Basilikum passt besonders gut zu Salaten, Gemüsegerichten und Dips.

Lagerung Dunkel, kühl und luftdicht verschlossen gelagert, ist getrocknetes Basilikum mindestens ein Jahr haltbar.

KÜCHENTIPPS

Geben Sie Basilikum erst kurz vor Ende der Garzeit zu dem Gericht, denn es verliert rasch sein Aroma. Basilikum lässt sich gut mit der Küchenschere in Streifen schneiden, zur Dekoration von Suppen und Salaten.

BOCKSHORNKLEE
TRIGONELLA FOENUM-GRAECUM

HERKUNFT
Asien

FAMILIE
Schmetterlingsblütler
(Faboideae)

SYNONYME
Griechisches Heu, Fenugrec, Fenugreek

VERWENDUNGSFORMEN
Samen (ganz oder gemahlen)

Seinen Ursprung hat der Bockshornklee in Mesopotamien, doch schon in der Antike wurde er im Mittelmeerraum angebaut. Bis heute wird er vor allem in der Mittelmeerregion sowie in Zentralasien kultiviert. Das bis zu 50 cm hohe Kraut bildet ovale, zartgrüne Blätter und gelblich weiße Blüten. Den Fruchthülsen, in denen der Samen enthalten ist, verdankt die Pflanze ihren Namen; sie sehen nämlich aus wie die Hörner eines Ziegenbocks.

Bockshornklee ist eng verwandt mit dem Schabzigerklee *(Trigonella caerulea)*, der in der Alpenregion, insbesondere in der Schweiz, weit verbreitet ist.

Schon im alten Ägypten wurde Bockshornklee bei der Geburtshilfe eingesetzt. Hildegard von Bingen nennt Bockshornklee als ein Heilmittel gegen Hautkrankheiten. Auch Pfarrer Kneipp empfiehlt Bockshornklee gegen manches Zipperlein. Der botanische Gattungsname *Trigonella* geht vermutlich auf die triangelförmigen Blüten zurück. Der Zusatz *foenum-graecum* heißt im Lateinischen „griechisches Heu“, worunter der Bockshornklee landläufig auch bekannt ist.

- Bockshornkleesamen sind in den Currys Wunder von Odisha (S. 102) und Tropische Hitze (S. 104) enthalten.

IN DER KÜCHE

Aroma Bockshornklee schmeckt würzig bitter und leicht mehlig. Er erinnert im Geruch ein wenig an frisch gemähtes Heu.

Verwendung Bockshornklee wird heute vor allem in Indien und Nordafrika geschätzt. Die Samen würzen indische Currys und Chutneys und verfeinern ägyptische und äthiopische Fisch- und Fleischgerichte sowie Eintöpfe und Gemüsegerichte. Bockshornklee würzt in der arabischen Küche auch Brot und Kleingebäck. In Indien werden manchmal auch die Blätter verwendet.

Lagerung Lagern Sie Bockshornklee luftdicht verschlossen, kühl und dunkel. Gemahlene Samen sollten Sie nur in kleinsten Mengen kaufen und schnell verbrauchen, da Bockshornklee gemahlen schnell an Aroma verliert.

KÜCHENTIPPS

Rösten Sie die Samen vor dem Zerstoßen leicht an, da sich beim Erwärmen ein angenehmer Geschmack entwickelt. Bei zu hohen Temperaturen werden die Samen jedoch rot und bitter.

Bockshornkleesamen schmecken nicht roh, sie müssen immer mitgekocht werden.

BOHNENKRAUT
SATUREJA SPEC.

HERKUNFT
Asien

FAMILIE
Lippenblütler
(Labiatae, Lamiaceae)

SYNONYME
Sommerbohnenkraut, Winterbohnenkraut, Kölle, Pfefferkraut, Weinkraut, Aalkraut, Josefle

VERWENDUNGSFORMEN
Blätter (frisch oder getrocknet)

Bohnenkräuter umfassen zahlreiche Arten, von denen das Sommerbohnenkraut *(Satureja hortensis)* und das Winterbohnenkraut *(Satureja montana)* am häufigsten sind. Sommerbohnenkraut hat seine Heimat im östlichen Mittelmeerraum bis hin zum Iran. Winterbohnenkraut stammt aus Südeuropa. Heute haben sich die Arten vermischt. Sommerbohnenkraut ist eine einjährige, buschige Pflanze, die bis zu 50 cm hoch wächst. Winterbohnenkraut ist mehrjährig. Das Kraut mit den 3 cm langen, dunkelgrünen, lanzettförmigen Blättern wird kurz vor dem Aufblühen geschnitten, dann ist seine Würzkraft am größten.
Bohnenkraut war schon im alten Rom als Küchenkraut und Heilpflanze bekannt. Außerdem glaubte man fest an seine Wirkung als Aphrodisiakum. Dieses Wissen lässt sich auch mittelalterlichen Schriften entnehmen, wo es als Mittel für die eheliche Pflichterfüllung empfohlen wird.

▶ Bohnenkraut ist in den Gewürzmischungen Sonne von Santorin (S. 78) und Midsommar-Mischung (S. 62) enthalten.

IN DER KÜCHE

Aroma Bohnenkraut schmeckt pfefferig und ein wenig brennend und es riecht sehr würzig.

Verwendung Bohnenkraut ist ein Muss bei Gerichten mit Hülsenfrüchten, da es laut Volksmedizin Blähungen reduziert. Es passt ausgezeichnet zu fetten Fleisch- und Fischgerichten, Rot- und Weißkohl, deftigen Suppen, Bratkartoffeln, Kartoffel-, Bohnen- und Gurkensalat sowie zu Wild, Tomaten und Pilzgerichten. Es wird auch als Gewürz bei der Herstellung von Wurst verwendet.

Lagerung Auf manchen Wochenmärkten erhalten Sie beim Kauf von frischen Bohnen Bohnenkraut dazu. Frische Blätter können Sie einige Tage im Gemüsefach des Kühlschranks lagern. Getrocknetes Bohnenkraut sollte luftdicht verschlossen, dunkel und kühl gelagert werden.

KÜCHENTIPPS

Frisches Bohnenkraut lässt sich sehr gut einfrieren und trocknen.
Dosieren Sie Bohnenkraut vorsichtig, es entwickelt erst beim Kochen sein volles Aroma.
Frisches Bohnenkraut geben Sie als Ganzes zum Gericht und nehmen es vor dem Servieren wieder heraus.

CHILI
CAPSICUM SPEC.

HERKUNFT
Mittel- und Südamerika

FAMILIE
Nachtschattengewächse
(Solanaceae)

SYNONYME
Chilli, Chile, Peperoni, Pfefferoni, Peperoncini, Pfefferschote, Cayennepfeffer

VERWENDUNGSFORMEN
Frucht (frisch und getrocknet, zerstoßen und gemahlen)

Ursprünglich stammen alle Chiliarten und damit auch der Paprika von einer Ursprungsart ab, dem sogenannten Bird Pepper, der auch Tepin-Chili genannt wird. Dabei handelt es sich um eine Wildform mit erbsengroßen Früchten. Chilischoten gibt es in den Farben Grün, Gelb und Rot. Für alle gilt: Grün ist der unreife Zustand und über die Farben Gelb und Orange werden die Früchte langsam rot. Alle Chilischoten enthalten Vitamin C, Provitamin A und Capsaicin, das die Schärfe erzeugt. Cayennepfeffer wird aus den Früchten der Vogelaugenchilis gewonnen, die zur Art *Capsicum frutescens* gehört.
Schon die indigenen Völker Mittel- und Südamerikas verwendeten Chili als Heilmittel. Sie wussten, dass Chili den Kreislauf anregt, bakterizid wirkt und in hohen Dosen schweißtreibend ist.

▶ Chilipulver ist in der Gewürzmischung Feuer der Karibik (S. 86) und dem Gewürzsalz Duft der Morgenröte (S. 82) enthalten. Cayennepfeffer ist Bestandteil der Mischungen New Orleans Fever (S. 90), Kuss aus Konstantinopel (S. 92), Im Rausch des Orients (S. 94), Juwel aus Jaipur (S. 72) und Schneewittchens Geheimnis (S. 112).

IN DER KÜCHE

Aroma Je nach Sorte sind Chilis feurig scharf bis würzig aromatisch.

Verwendung Chili und Chilipulver sind in allen scharfen Küchen der Welt zu Hause. Sie sind in der asiatischen, besonders der thailändischen Küche beliebt, und geben der lateinamerikanischen, mexikanischen, karibischen sowie der Südstaatenküche die richtige Schärfe. Auch viele Gerichte aus den Mittelmeerregionen brauchen das Temperament der Chili. Chili würzt Fleischgerichte, Eintöpfe, pikante Kuchen sowie maritime Gerichte und auch Salate.

Lagerung Frische Chilis halten sich mehrere Wochen im Gemüsefach des Kühlschranks. Auch die getrockneten Schoten bleiben mehrere Jahre aromatisch, wenn Sie sie trocken und dunkel lagern.

KÜCHENTIPPS

Getrocknete Chilis sind schärfer als frische Schoten. Je kleiner die Sorte, desto schärfer sind sie im Geschmack.
Getrocknete Chilis entfalten ihr volles Aroma, wenn Sie sie ohne Zugabe von Fett in einer Pfanne leicht rösten.
Die unscheinbaren Kerne sowie die weiße Scheidewand sind verantwortlich für die Schärfe der Chilis. Falls Sie es nicht so scharf haben wollen, entfernen Sie vor dem Hacken frischer Chilischoten Kerne und Scheidewände.
Frische Chilis können Sie auch selbst trocknen. Dafür legen Sie die Schoten an einen trockenen und warmen Ort. Fein gehackt lassen sich frische Chilis auch einfrieren.

DILL
ANETHUM GRAVEOLENS

HERKUNFT
Vorderasien

FAMILIE
Doldenblütler
(Apiaceae, Umbelliferae)

SYNONYME
Gurkenkraut, Dillkraut, Dillfenchel

VERWENDUNGSFORMEN
Blätter (frisch und getrocknet)

Dill wurde schon im alten Ägypten als Heil- und Gewürzpflanze angebaut. Die Römer würzten ihren Wein mit Dillsamen, nicht mit den Blättern. Im Mittelalter wurde Dill in Mittel- und Nordeuropa in klösterlichen Kräutergärten kultiviert. Dillsamen sagt man eine ähnliche Heilkraft wie den Fenchelsamen nach. Das mag daran liegen, dass Dill und Fenchel botanisch eng verwandt sind und ähnliche Inhaltsstoffe haben. Noch heute wird Dill-Öl in der Alternativmedizin als Mittel gegen Bauchkrämpfe angewendet. Dill ist auch in der schwedischen Küche äußerst beliebt. Traditionell wird die Soße für Köttbullar oder Schweinebraten mit Dill zubereitet. In unseren Breitengraden steckten sich Bräute früher häufig Dill in die Spitzen ihrer Brautschuhe und murmelten dazu den Reim „Ich habe Senf und Dill, mein Mann muss tun, was ich will". Nach altem Aberglauben hofften sie so auf einen guten Verlauf ihrer Ehe.

▶ Dill ist in den Gewürzmischungen Midsommar-Mischung (S. 62), Medea-Salz (S. 70) und der Salzmischung An der Waterkant (S. 80) enthalten.

IN DER KÜCHE

Aroma Dill hat ein erfrischend zitroniges Bouquet mit zart süßlicher Anisnote und würzigem Aroma. Getrocknete Dillspitzen schmecken weniger intensiv als frischer Dill.

Verwendung Dill würzt eingelegte Gurken, eingelegten Senfkürbis, Essiggemüse, Fisch, Krabben, Garnelen und Eier sowie in Schweden traditionell auch viele Fleischgerichte. Grüner Salat und Dressings aller Art bekommen mit Dillkraut eine frische Note. Getrocknete Dillspitzen schmecken hervorragend in Quark oder Butter.

Lagerung Dunkel, kühl und luftdicht verschlossen gelagert, hält sich getrockneter Dill ein Jahr.

KÜCHENTIPPS

Getrocknete Dillspitzen sind hitzeempfindlich, daher sollte das Kraut erst nach dem Kochen hinzugefügt werden.
Dillspitzen harmonieren besonders gut mit Estragon, Meerrettich, Petersilie, Piment, und Senfkörnern.

FENCHEL
FOENICULUM VULGARE

HERKUNFT
Mittelmeerregion

FAMILIE
Doldengewächse
(Apiaceae, Umbelliferae)

SYNONYME
Gewürzfenchel, Gemeiner oder Wilder Fenchel, Römischer Fenchel, Langer Kümmel, Köppernickel, Brotsamen, Brotwürzkörner, Brotanis

VERWENDUNGSFORMEN
Samen (ganz oder gemahlen)

Fenchel stammt aus der Mittelmeerregion, er wird heute darüber hinaus in Indien, China und Japan, auf dem Balkan, in Dänemark, Deutschland, Großbritannien und den USA angebaut. Die Fenchelpflanze wächst bis zu 1,50 m hoch und hat fiedrige, blaugrüne Blätter, die im Aussehen an Dill erinnern. Von Juli bis September blüht Fenchel gelb. Aus den Blüten entwickeln sich die 3–12 mm langen und 2–4 mm breiten Spaltfrüchte. Die Ernte der Fenchelsamen erfolgt maschinell, sie werden gedroschen und getrocknet. Der Gewürzfenchel ist mit dem Gemüsefenchel verwandt. Durch Züchtung entwickelt der Gemüsefenchel eine besonders dicke oberirdische Knolle, die beim Gewürzfenchel weniger ausgebildet ist. Im Mittelalter kaute man Fenchel in der Kirche, um Magengeräusche während der Predigt zu unterdrücken.

▶ Fenchel ist in den Gewürzmischungen Feuer der Karibik (S. 86), Tempel von Bangkok (S. 56) und der Salzmischung Bengalische Nacht (S. 76) enthalten.

IN DER KÜCHE

Aroma Fenchel schmeckt süßlich und erinnert im Geschmack ein wenig an Lakritz.

Verwendung In Mitteleuropa wird Fenchel hauptsächlich als Tee getrunken oder für die Zubereitung von Brot verwendet. In Italien, Südfrankreich oder auch China würzt er auch Gemüse- und Fischgerichte. Fenchelsamen sind Bestandteil des Fünf-Gewürze-Pulvers. Fenchel wird vor allem im angelsächsischen Raum als Einlegegewürz für Gurken und Gemüse verwendet. In der französischen Küche werden die Blätter zum Würzen von Mayonnaise und Vinaigrette verwendet.

Lagerung Fenchelsamen sollten kühl und dunkel gelagert werden. Gemahlene Samen müssen luftdicht verschlossen aufbewahrt werden, da sie schnell an Aroma verlieren.

KÜCHENTIPPS

Zerstoßen Sie Fenchelsamen im Mörser, dann entfalten sie erst ihr volles Aroma.
Fenchel lässt sich gut mit Petersilie, Oregano, Salbei, Thymian und Chili kombinieren.

INGWER
ZINGIBER OFFICINALE

HERKUNFT
Süd- und Mittelasien

FAMILIE
Ingwergewächse
(Zingiberaceae)

SYNONYME
Imber, Immerwurzel, Ingwerwurzel

VERWENDUNGSFORMEN
Rhizom (frisch, getrocknet zu Pulver gemahlen oder eingelegt)

Die Ingwerpflanze ist ein über 1 m hoch wachsendes schilfartiges Gewächs mit langen schmalen Blättern. Der Wurzelstock (Rhizom) ist die Knolle, die wir genießen. Wer Ingwer isst, dem wird es plötzlich warm, die Nase trieft und der Gaumen brennt. Dafür sind ätherische Öle und Harze (Gingerole und Shogaole) verantwortlich, die auch den typischen scharfen Geschmack erzeugen. Die Scharfmacher entfalten daneben jedoch auch weniger offensichtliche Wirkungen, zum Beispiel die verstärkte Bildung von Magensäure. Das regt zum einen den Appetit an, zum anderen bringen die Scharfstoffe die Verdauung auf Trab. Bei Seefahrern ist Ingwer schon lange ein bewährtes Mittel gegen die Seekrankheit. Bestimmte Substanzen im Ingwer verringern Übelkeit und Brechreiz. Schon 500 v. Chr. soll der chinesische Religionsstifter Konfuzius jede seiner Speisen mit Ingwer gewürzt haben. Er war der Auffassung, dass der tägliche Genuss von Ingwer zu einem langen Leben führt.

▶ Ingwer ist in den Gewürzmischungen Wunder von Odisha (S. 102), Hänsels Versuchung (S. 108), Christkinds Köstlichkeit (S. 116), Zucchinizauber (S. 52), dem Gewürzsalz Duft der Morgenröte (S. 82), und Juwel von Jaipur (S. 72) enthalten.

IN DER KÜCHE

Aroma Ingwer ist würzig, fruchtig und aromatisch im Geschmack. Er riecht würzig-scharf.

Verwendung Ingwer ist ein typisches Gewürz der asiatischen Küche. Er würzt Currygerichte und Eintöpfe, passt ausgezeichnet zu Geflügel und Lamm sowie zu Fisch und Meeresfrüchten. Gemahlener Ingwer verfeinert Lebkuchen, Printen, Milchreis, Obstsalat und fruchtige Kaltschalen.

Lagerung Frischer Ingwer hält sich im Gemüsefach des Kühlschranks bis zu drei Wochen, wenn er in einen Gefrierbeutel eingepackt vor dem Austrocknen geschützt ist. Gemahlener Ingwer hält sich luftdicht verschlossen, kühl und dunkel aufbewahrt über Monate. Eingelegten Ingwer nach dem Öffnen gut verschlossen im Kühlschrank lagern.

KÜCHENTIPPS

Frischer Ingwer wird geschält und dann gehackt, gerieben oder in hauchdünne Scheiben geschnitten. Dosieren Sie Ingwer vorsichtig: Je nach Alter der Wurzel ist die Würzkraft unterschiedlich.
Ingwer harmoniert gut mit Zimt, Nelke, Muskat, Kardamom und Koriander.

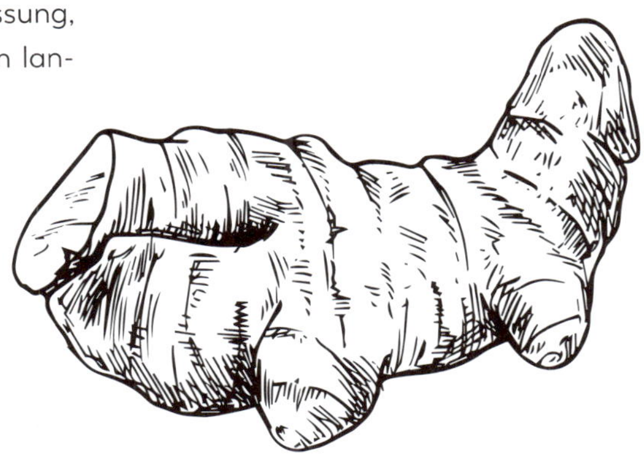

KARDAMOM
ELETTARIA CORDAMOMUM

HERKUNFT
Südindien, Sri Lanka

FAMILIE
Ingwergewächse
(Zingiberaceae)

SYNONYME
Cardamom, Grüner Kardamom

VERWENDUNGSFORMEN
Samen (getrocknet, ganz oder gemahlen) oder die ganze Samenkapsel

Kardamom ist eine schilfartige Staudenpflanze, die bis zu 3 m hoch werden kann. Als Gewürz werden die Samen geerntet. Sie enthalten fein aromatische ätherische Öle. Die Samen lässt man nach der Ernte zunächst in den Kapseln, damit das Aroma nicht verfliegt. Später werden sie zu einem rötlich grauen Pulver vermahlen. Kardamom ist nach Safran und Vanille eines der teuersten Gewürze.
Da das Gewürz teuer ist, werden die hellen Fruchtschalen oft mitgemahlen. Im Handel unterscheidet man daher reine Kardamomsaat und „Kardamom mit Schale gemahlen". Letzterer ist an der hellen Farbe zu erkennen. In der arabischen Welt schreibt man Kardamom des Öfteren zu, dass er die Lust des Mannes erhöht. Daneben soll das Kauen der Kardamomsamen bei Mundgeruch Abhilfe schaffen. Daher wird in einigen Ländern nach dem Genuss von Alkohol oder dem Verzehr von Knoblauch gerne auf Kardamomsamen zurückgegriffen.

▶ Kardamom ist in den Gewürzmischungen Zucchinizauber (S. 52), Tempel von Bangkok (S. 56), Wunder von Odisha (S. 102), Schneewittchens Geheimnis (S. 112) und Omas Waffelzauber (S. 114) enthalten.

IN DER KÜCHE

Aroma Kardamom hat ein sehr feines, süßlich-scharfes Aroma, im Nachgeschmack erinnert es an eine Mischung aus Zitrone, Kampfer und Bergamotte.

Verwendung Kardamom gehört in den Glühwein und in Lebkuchen. Er ist ein wichtiger Bestandteil von Currymischungen, passt aber auch zu Kuchen, Gebäck, an Fleischgerichte, Pickles und Heringe, Wurst, Pasteten und Liköre sowie in Whisky. Allerdings werden immer nur kleine Mengen verwendet. Im Orient wird mit Kardamom auch Kaffee und Tee aromatisiert, besonders der Beduinenkaffee verdankt sein Aroma Kardamomkapseln, die in die Tülle der Kaffeekannen gesteckt werden.

Lagerung Kardamom sollte am besten in den Fruchtschalen kühl, trocken und dunkel gelagert werden. Die gemahlenen Samen verlieren schnell an Aroma.

KÜCHENTIPPS

Kardamom entwickelt sein Aroma am besten, wenn er ohne Fett in einer beschichteten Pfanne geröstet wird.
Kardamom sollte frühzeitig zum Gericht gegeben werden, denn er entfaltet seinen vollen Geschmack erst durch die Hitze.

KORIANDER
CORIANDRUM SATIVUM

HERKUNFT
Mittelmeerraum

FAMILIE
Doldengewächse
(Apiaceae, Umbelliferae)

SYNONYME
Wanzenkraut, Schwindelkorn, Hochzeitskügelchen

VERWENDUNGSFORMEN
Samen (getrocknet, ganz oder gemahlen), Blätter (frisch), Wurzel

Koriander erinnert auf den ersten Blick an Petersilie, sowohl die gefiederten Blätter wie auch die Blüten sehen sich zum Verwechseln ähnlich. Koriander ist eines der ältesten Kulturkräuter. Als eines der bitteren Kräuter des Passah-Festes wird Koriander schon in der Bibel erwähnt. Samen wurden bei Ausgrabungen von neolithischen Kulturrelikten gefunden. Die Pharaonengräber beweisen, dass Koriander im alten Ägypten mit ins Jenseits gegeben wurde. In der Alternativmedizin wird Koriander bei Störungen im Magen- und Darmbereich und bei nervöser Unruhe eingesetzt. Koriander regt die Tätigkeit der Darmmuskulatur an, wobei gleichzeitig Darmkrämpfe gelöst werden. Zusätzlich stärkt Koriander den Magen.

▶ Koriander ist in den Gewürzmischungen Kuss aus Konstantinopel (S. 92), Goldener Kräutergarten (S. 48), Zucchinizauber (S. 52), Tempel von Bangkok (S. 56) und Juwel aus Jaipur (S. 72) enthalten.

IN DER KÜCHE

Aroma Das Aroma der Früchte ist warm, nussig und würzig. Korianderkraut und auch die Wurzeln haben einen sehr starken Geruch, der beim ersten Kontakt gewöhnungsbedürftig ist.

Verwendung Koriandersamen sind in Süddeutschland ein klassisches Gewürz für Brot. Eine Prise gehört aber auch in Spekulatius und Printen. Koriandersamen würzen Gerichte mit Kohl, Kartoffeln und Hülsenfrüchten. Sie verfeinern gebratenen Fisch, Geflügel- und Fleischgerichte. Zu Chutneys, Pflaumenmus und eingelegtem Gemüse passt er ebenfalls hervorragend. Das Kraut ist vor allem in der thailändischen, indischen, mexikanischen und brasilianischen Küche beliebt.

Lagerung Kühl, dunkel und luftdicht verschlossen aufbewahrt behalten Koriandersamen bis zu einem Jahr ihr Aroma. Gemahlener Koriander verliert schnell seinen Geschmack. Die Blätter des Korianders und die Wurzeln lassen sich nur frisch verwenden, getrocknet verlieren sie ihr Aroma.

KÜCHENTIPPS

Das Aroma von Koriander wird intensiver, wenn man die Samen im Mörser zerstößt oder in einer beschichteten Pfanne ohne Fett röstet.
Koriander passt ausgezeichnet zu Kreuzkümmel, Chili, frischer Minze und Knoblauch.

KREUZKÜMMEL
CUMINUM CYMINUM

HERKUNFT
Vorderasien

FAMILIE
Doldenblütler
(Umbelliferae)

SYNONYME
Kumin, Pfefferkümmel, Römischer Kümmel, Mutterkümmel, Haferkümmel, Wanzenkümmel

VERWENDUNGSFORMEN
getrocknete Samen (ganz und gemahlen)

Kreuzkümmel ist dem Kümmel optisch sehr ähnlich, sollte jedoch nicht mit ihm verwechselt werden. Der sogenannte „weiße Kreuzkümmel" ist heller als der gewöhnliche Kreuzkümmel. Schwarzer Kreuzkümmel wird auch als Kaschmir-Kreuzkümmel bezeichnet und wird hauptsächlich im Iran, in Pakistan und dem westlichen Nordindien (Kaschmir, Punjab) verwendet. Dort wächst er wild.
In der römischen Küche war Kreuzkümmel so wichtig wie bei uns heute der Pfeffer. Doch nicht nur zum Kochen wurde er verwendet, sondern auch, um eine vornehme blasse Haut zu bekommen. Mit Hilfe eines Kreuzkümmeltranks soll sich der Legende nach ein reicher Römer sogar einen hohen Posten erschlichen haben. Nach Einnahme des Trunks bleich wie der Tod, soll er Kaiser Nero nach seinem Ableben all seine Besitztümer versprochen haben. Der Kaiser fiel auf den Trick herein und gab dem Römer den gewünschten Posten. Auf das Erbe wartete er indes vergeblich.

▶ Kreuzkümmel ist in den Gewürzmischungen Feuer der Karibik (S. 86), Kuss aus Konstantinopel (S. 92) und Im Rausch des Orients (S. 94) enthalten.

IN DER KÜCHE

Aroma Kreuzkümmel schmeckt angenehm frisch, scharf aromatisch und erinnert entfernt an Kampfer. Sein Geruch ist würzig, bitterherb und leicht holzigerdig.

Verwendung Besonders in der arabischen, asiatischen und lateinamerikanischen Küche ist Kreuzkümmel im Einsatz. Er gehört zu den Gewürzen der indonesischen Reistafel und ist Bestandteil vieler indischer Chutneys, z. B. des Mangochutneys. Außerdem kommt er an deftige Fleischgerichte der arabischen und der mexikanischen Küche, z. B. Chili con Carne. Aber auch zur Zubereitung von Brot und Käse sowie Bitter- und Magenlikören wird er verwendet. Kreuzkümmel ist ein wichtiger Bestandteil der Gewürzmischungen Garam Masala und Tandoori sowie jedes Currys.

Lagerung Die ganzen Samen halten kühl, trocken, dunkel und luftdicht verschlossen gelagert über ein Jahr. Das Pulver verliert schnell an Aroma.

KÜCHENTIPPS

Kreuzkümmel ist ein ausgesprochenes Mischgewürz, das zu allen anderen exotischen Gewürzen passt. Sparsam verwenden.
In einer heißen beschichteten Pfanne ohne Fett geröstet, intensiviert sich das Aroma von Kreuzkümmel.

KURKUMA
CURCUMA LONGA

HERKUNFT
Asien

FAMILIE
Ingwergewächse
(Zingiberaceae)

SYNONYME
Gelbwurz, Chinesische Wurzel, Indischer Safran, Gelber Ingwer, Tumerik

VERWENDUNGSFORMEN
Wurzel (frisch und getrocknet, ganz und gemahlen)

Die schon über 2000 Jahre kultivierte Pflanze wächst bis zu 2,50 m hoch. Wie beim Ingwer ist es der knollige Wurzelstock, den wir genießen. Er erinnert auch im Aussehen an den scharfen Verwandten. Die Kurkumaknolle ist jedoch runder und schmaler, hat eine gelbbraune Rinde und orangefarbenes Fruchtfleisch. Die Wurzel wird nach der Ernte kurz überbrüht und dann getrocknet. Danach wird die äußere Schicht entfernt. Getrocknete Kurkumawurzeln sehen aus wie kleine Aststücke, die in Currypulver gewälzt wurden.
In der vedischen Kultur Indiens ist Kurkuma nicht nur das wichtigste Gewürz und Heilmittel, sondern gilt auch als heilig. So werden auch die Kutten der buddhistischen Mönche noch heute mit Kurkuma gefärbt. Kurkuma erlebt in der Alternativmedizin gerade ein großes Comeback. Das Superfood soll vor Alzheimer schützen, gegen Entzündungen helfen, Magen-Darm-Beschwerden lindern, das Abnehmen unterstützen und sogar Krebs vorbeugen. Eindeutig wissenschaftlich belegt ist bis heute jedoch keine dieser Aussagen. Doch eines ist sicher: Kurkuma hat als Gewürz keine Nebenwirkungen und so spricht nichts dagegen, die Speisen mit der Wurzel sattgelb zu färben.

▶ Kurkuma ist in den Gewürzmischungen Wunder von Odisha (S. 102), Goldener Kräutergarten (S. 48), Zucchinizauber (S. 52) und Juwel aus Jaipur (S. 72) enthalten.

IN DER KÜCHE

Aroma Kurkuma riecht wie Ingwer und schmeckt würzig, ist im Aroma aber kräftiger als Ingwer.

Verwendung Kurkuma ist der wichtigste Bestandteil von Currypulver und wird vor allem in der indischen, aber auch in der ostafrikanischen Küche verwendet. Kurkuma würzt Reis- und Nudelgerichte, Suppen, Saucen und Mayonnaise. Zu Fisch und Meeresfrüchten passt es ebenso gut wie zu Geflügel, Eiern, Gemüsecurrys und Chutneys. Auch Worcestersauce und manchmal auch Senf enthalten Kurkuma.

Lagerung Kaufen Sie gemahlene Kurkuma und auch die getrocknete Wurzel nur in kleinen Mengen, denn beides verliert schnell an Aroma. Trocken, dunkel und luftdichtverschlossen aufbewahren. Wenn Sie frische Kurkuma bekommen, können Sie sie wie Ingwer mehrere Wochen im Gemüsefach des Kühlschrankes lagern.

KÜCHENTIPPS

Kurkuma kann als preiswerter Ersatz für Safran verwendet werden. Ihre Würzkraft ist nicht sehr dominant, aber sie färbt Speisen sattgelb.

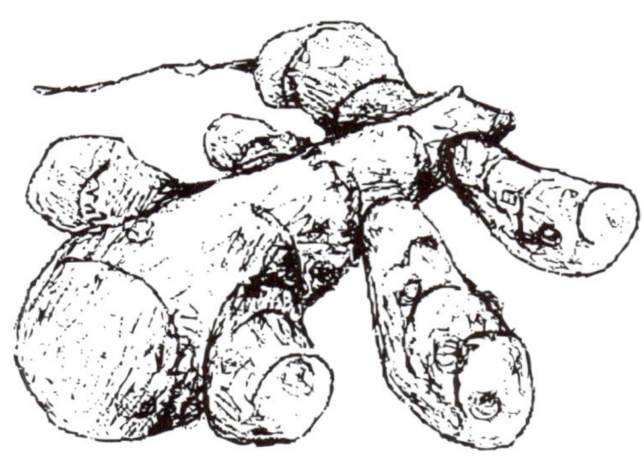

LORBEER
LAURUS NOBILIS

HERKUNFT
Asien

FAMILIE
Lorbeergewächse
(Lauraceae)

SYNONYME
Suppenblatt, Lorbeerblatt

VERWENDUNGSFORMEN
Blätter (frisch und getrocknet)

Der immergrüne Lorbeerbaum kann bis zu 15 m hoch wachsen. In der Kultur wird der Baum stets stark zurückgeschnitten, damit die Zweige bzw. Blätter besser geerntet werden können. Die blauschwarzen, haselnussgroßen Beeren werden zur Herstellung von Likören und Salben verwendet. Die altgriechische Bezeichnung für Lorbeer ist Daphne. Der Sage nach verwandelte sich die Nymphe Daphne in einen Lorbeerstrauch, um den Nachstellungen Apollos zu entgehen. Dieser trug als Zeichen seines Kummers über die unerwiderte Liebe einen Lorbeerkranz. Lorbeerkränze waren in der Antike auch das Siegessymbol im Faustkampf. Die römischen Feldherren wurden nach einer gewonnenen Schlacht mit einem Lorbeerkranz geschmückt. Auch wenn das Curryblatt dem Lorbeerblatt ähnlich sieht, sind die beiden Pflanzen nicht miteinander verwandt.

▶ Lorbeer ist in den Gewürzmischungen Wunder von Odisha (S. 102), Juwel aus Jaipur (S. 72), Hänsels Versuchung (S. 108), Christkinds Köstlichkeit (S. 116), Zucchinizauber (S. 52) und dem Gewürzsalz Duft der Morgenröte (S. 82) enthalten.

IN DER KÜCHE

Aroma Lorbeer schmeckt herb, aromatisch, würzig und ein bisschen bitter, vor allem die frischen Blätter.

Verwendung Alles, was sauer ist, verträgt auch Lorbeer: Fleischsülze und Sülzkoteletts, Sauerkraut, eingelegte Rote Bete, Gurken, Mixed Pickles, eingelegte zarte grüne Böhnchen, junge, grüne Tomaten und Heringe. Lorbeerblätter passen besonders gut in Fleischbeize wie zum Sauerbraten und Wild, in die Fischmarinade, zu deftigen Kartoffelgerichten, zu Braten und allen dunklen Bratensaucen, Ragouts, Gulasch und kräftigen Eintöpfen.

Lagerung Getrockneter Lorbeer sollte trocken und dunkel aufbewahrt werden. Mit etwas Glück bekommen Sie in den Sommermonaten aber auch frische Lorbeerblätter auf den Wochenmarkt. Gute Qualität erkennen Sie an den stiellosen, grünen, trockenen und unbeschädigten Blättern. Zerbrochene Lorbeerblätter verlieren schnell ihr Aroma. Frische Blätter halten sich über Wochen im Gemüsefach des Kühlschranks.

KÜCHENTIPPS

Ganze Blätter verströmen ihr volles Aroma, wenn sie zerstoßen oder gehackt werden.
Lorbeerblätter sollten immer mitgekocht werden, erst so kommt ihr voller Geschmack zur Geltung.
Ritzt man die Blätter etwas ein, würzt Lorbeer noch intensiver.
Lorbeer harmoniert ausgezeichnet mit Wacholder, schwarzem Pfeffer und Senfkörnern.

MAJORAN UND OREGANO
ORIGANUM SPEC.

HERKUNFT
Mittelmeerraum

FAMILIE
Lippenblütler
(Labiatae, Lamiaceae)

SYNONYME
Gemeiner Dost, Badekraut, Ohrkraut, Müllerkraut, Schusterkraut, Wohlgemutkraut, Costenzkraut, Wurstkraut, Bratenkraut, Mairan, Meiran, Maiwürzkraut, Dost, Wintermajoran, Wilder Majoran

VERWENDUNGSFORMEN
Blätter (frisch und getrocknet)

Majoran und Oregano wurden schon in der Antike im ganzen Mittelmeerraum geschätzt. Ägypter, Griechen und Römer würzten mit Majoran ihren Wein und versprachen sich davon eine Steigerung der Liebeskraft. Die Griechen opferten Majoran als „Weihrauch" zu Ehren der Aphrodite. Der Name „Majoran" geht möglicherweise auf das arabische Wort für „unvergleichlich" zurück. Oregano soll von der griechischen Göttin Aphrodite als Symbol der Freude geschaffen worden sein. Brautpaare wurden mit Oregano bekränzt, und später galt das Kraut als sicheres Mittel, um die Liebe des Bräutigams zu festigen.
Geruch und Geschmack von Majoran und Oregano wird vor allem durch ätherische Öle, Terpene, Bitter- und Gerbstoffe bestimmt. Je intensiver die Sonneneinstrahlung, desto besser entwickelt sich das Aroma in den Blättern. Majoran ist eigentlich eine mehrjährige Pflanze, aber nicht frostresistent. Daher ist er in unseren Breitengraden eher als einjähriges Kraut bekannt.

▶ Majoran ist in der Gewürzmischung Sonne von Santorin (S. 70), Oregano in den Gewürzmischungen New Orleans Fever (S. 90), Im Rausch des Orients (S. 94), Goldener Kräutergarten (S. 48), Tango Picante (S. 50), Ein Hauch von Neapel (S. 54), Bonjour Marseille (S. 58), Sommer in Apulien (S. 68) und Zucchinizauber (S. 52) enthalten.

IN DER KÜCHE

Aroma Majoran schmeckt würzig, leicht herb und ist besonders aromatisch. Er hat einen intensiven Geruch. Der würzige Oregano schmeckt leicht süßlich und angenehm frisch. Er hat einen intensiven Geruch.

Verwendung Majoran ist das klassische Wurstkraut und wird vor allem zur Herstellung von Blutwurst und Thüringer Bratwürsten verwendet. Oregano ist die klassische Zutat für Pizza und Pasta mit fruchtigen und würzigen Saucen.

Lagerung Frischer Majoran und Oregano halten sich in feuchtem Küchenpapier eingeschlagen in einem Gefrierbeutel drei bis vier Tage im Gemüsefach des Kühlschranks. Getrocknet sollten Majoran und Oregano dunkel, kühl und luftdicht verschlossen gelagert werden.

KÜCHENTIPPS

Majoran harmoniert gut mit Thymian, Lorbeer und Wacholder. Kurz mit den Gerichten mitkochen, dann entwickelt er sein volles Aroma.
Oregano harmoniert gut mit Rosmarin und Thymian, nur seinen nahen Verwandten, den Majoran mag er nicht unbedingt.

MUSKAT UND MACIS
MYRISTICA FRAGRANS

HERKUNFT
Banda-Inseln, nördliche Molukken bzw. Neuguinea

FAMILIE
Muskatnussgewächse (*Myrisiticaceae*)

SYNONYME
Muskatnuss, Bandanuss, Suppennuss, Muskatblüte (Macis), Macisblüte

VERWENDUNGSFORMEN
Samen (Muskatnuss) und Samenmantel (Macis) (getrocknet, ganz und gemahlen)

Der Muskatnussbaum kann bis zu 100 Jahre alt werden. Er wird wildwachsend bis zu 15 m hoch. In der Kulturform hält man die Bäume auf etwa 6 m Höhe, um sie einfacher abernten zu können. Erst vom achten Lebensjahr an trägt ein Baum Früchte, dann steigert sich sein Ertrag, bis er vom 15. Jahr an die ertragreichsten Ernten liefert.
Die Muskatnuss ist nicht die Frucht des Muskatbaumes, sondern der Samen der Früchte. Neun Monate dauert die Reifezeit von der Blüte bis zur Ernte, dann springen die Früchte auf. In den Wäldern werden sie mit langen Stangen von den Bäumen geschlagen, in den Plantagen werden sie gepflückt. Das Fruchtfleisch und der rote Samenmantel werden entfernt. Dann werden Samen (Muskatnuss) und Samenmantel (Macis) einzeln oder zusammen getrocknet. Muskat und Macis gehörten mit Nelken und Zimt im 17. und 18. Jahrhundert zu den teuersten Gewürzen. 1512 führten die Portugiesen die Muskatnuss als Handelsware von den Banda-Inseln erstmals nach Europa ein.

▶ Muskat ist in den Gewürzmischungen Risottoparfum (S. 60), Christkinds Köstlichkeit (S. 116) und Schneewittchens Geheimnis (S. 112) enthalten.

IN DER KÜCHE

Aroma Muskat riecht angenehm würzig, schmeckt feurig-würzig und brennt ein bisschen. Macis ist feiner im Geschmack. Macis kann Muskat immer ersetzen, jedoch nicht umgekehrt.

Verwendung Muskat würzt alles Salzige. Kartoffelbrei, Rahmspinat und Blumenkohl brauchen eine Prise Muskat. Aber auch kräftige Gemüsesuppen, helle Saucen, Eier-, Fisch- und Fleischgerichte werden mit Muskat gewürzt. Zum Käsefondue gehört ebenso die Prise Muskat wie auch zum Eierpunsch. Besondere Verwendung findet Muskat bei Süßspeisen wie Cremes, Puddings und Kompott sowie beim Weihnachtsgebäck.

Lagerung Muskat sollten Sie als Nuss kaufen, denn das Pulver verliert schnell an Aroma. Auch Macis findet man gemahlen und als gelbbraune Hülle. Das Pulver ist einfacher zu handhaben und wird daher bevorzugt gekauft. Beide Gewürze sollten trocken, dunkel und luftdicht verschlossen aufbewahrt werden.

KÜCHENTIPPS

Muskat ist ein Prisengewürz. Würzen Sie sparsam, sonst schmeckt Ihr Gericht seifig.
Muskat entfaltet sein Aroma erst beim Reiben. Legen Sie sich daher eine Muskatnussreibe zu und reiben Sie stets die Muskatnuss frisch ins Gericht.
Muskat verliert durch Hitze an Aroma, würzen Sie die Speisen daher erst am Ende der Garzeit.

NELKE
SYZYGIUM AROMATICUM

HERKUNFT
Asien

FAMILIE
Myrtengewächse
(Myrtaceae)

SYNONYME
Gewürznelke, Nägelein, Nelkenkopf

VERWENDUNGSFORMEN
Blütenknospen (getrocknet, ganz oder gemahlen)

Die Gewürznelke stammt von den indonesischen Molukken, den sogenannten Gewürzinseln. Der Gewürznelkenbaum erreicht in diesem tropischen Seeklima eine Höhe von bis zu 15 m. Zwischen seinem sechsten und 60. Lebensjahr bringt jeder Baum eine Ernte von 3 kg Nelken pro Jahr. Dazu werden die noch fest geschlossenen grünen Blütenknospen von Hand gepflückt, sobald sie sich hellrot zu verfärben beginnen. Anschließend werden sie vom Fruchtstiel befreit und in der Sonne getrocknet. Während des Trocknens bekommen die Gewürznelken ihre typische braune Farbe. Der deutsche Name des Gewürzes leitet sich vom mittelhochdeutschen Wort „negellin“ ab, was so viel wie „Nägelein“ bedeutet und auf die Form der Gewürznelke anspielt. Ein altes Hausmittel gegen Mücken in der warmen Jahreszeit ist eine halbierte Zitrone mit Nelken gespickt.

▶ Nelke ist in den Gewürzmischungen Hänsels Versuchung (S. 108), Christkinds Köstlichkeit (S. 116), Schneewittchens Geheimnis (S. 112) und Naschkätzchen (S. 122) und in der Salzmischung Bengalische Nacht (S. 76) enthalten.

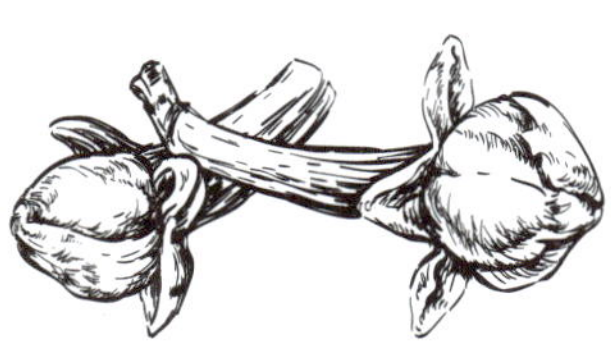

IN DER KÜCHE

Aroma Nelke schmeckt feurig-scharf und brennt leicht. Der Geruch von Nelke ist sehr intensiv.

Verwendung Die Gewürznelke verfeinert Süßspeisen, Gebäck und Punsch. In der pikanten Küche gibt sie Fleisch- und Fischgerichten sowie Wild, Geflügel, Eintöpfen, Rotkohl, Marinaden aller Art und Wurstwaren ein besonderes Aroma. Feine Schokoladen erhalten durch die Nelke zusammen mit Zimt und Kardamom ihren exquisiten Geschmack.
Nelken sind in diversen Gewürzmischungen enthalten, so z.B. im indischen Garam Masala, im arabischen Baharat und im chinesischen Fünf-Gewürze-Pulver. Auch in der Worcestersauce darf die Nelke auf keinen Fall fehlen.

Lagerung Ganze Gewürznelken sollten Sie gegenüber dem Pulver den Vorzug geben, weil sich das ätherische Öl recht schnell verflüchtigt. Gemahlene Nelken braucht man häufig für Weihnachtsgebäck. Pulver und ganze Nelken halten sich luftdicht verschlossen, trocken und dunkel gelagert zwei bis drei Jahre.

KÜCHENTIPPS

Machen Sie mit Nelken den „Schwimmtest“: Bei guter Qualität schwimmen die Nelken mit dem Kopf nach oben und dem Stiel nach unten auf der Wasseroberfläche oder gehen sogar unter. Schwimmen sie waagerecht auf dem Wasser, sind sie von schlechter Qualität.
Stecken Sie Nelken beim Kochen in eine ganze Zwiebel, dann lassen sie sich aus dem Gericht leicht wieder entfernen.
Nelke ist ein Prisengewürz. Wenn sie gemahlene Nelke verwenden, dosieren Sie das Gewürz vorsichtig.
Nelke harmoniert gut mit anderen kräftigen Gewürzen wie Ingwer, Pfeffer oder Kardamom.

PAPRIKA
CAPSICUM ANNUM

HERKUNFT
Mittel- und Südamerika

FAMILIE
Nachtschattengewächse
(Solanaceae)

SYNONYME
Gewürzpaprika, Spanischer Paprika, Ungarischer Paprika, Indischer Paprika, Türkischer Paprika, Roter Pfeffer, Beißbeere

VERWENDUNGSFORMEN
Frucht mit Samen (getrocknet und gemahlen)

Die Paprikapflanze brachte Kolumbus von seiner Entdeckungsreise aus Amerika mit. Heute gibt es über 30 Paprikaarten – milde und scharfe, wild wachsende und kultivierte –, die sich deutlich voneinander unterscheiden. Der Gewürzpaprika ist sehr eng mit dem Gemüsepaprika verwandt. Aber auch die Chilischoten gehören zur unmittelbaren Verwandtschaft. „Süß wie die Sünde und scharf wie der Teufel", sagt man dem Genuss von Gewürzpaprika nach.

Für das Pulver werden die Gewürzpaprikaschoten getrocknet und dann gemahlen. Die reifen Schoten haben wenig Fruchtfleisch und Saft, dafür aber innen an den Scheidewänden zahlreiche Samen. Samen und Scheidewände enthalten Capsaicin, das für den Schärfereiz verantwortlich ist. Je mehr von diesen beiden Bestandteilen mitvermahlen wird, desto schärfer wird das Paprikapulver. Durch dosierte Samenzusätze wird die Schärfe reguliert.

▶ Paprika ist in den Gewürzmischungen Feuer der Karibik (S. 86), Tanz mit dem Teufel (S. 88), New Orleans Fever (S. 90), Kuss aus Konstantinopel (S. 92), Im Rausch des Orients (S. 94) und Feuriger Garten (S. 98) enthalten.

IN DER KÜCHE

Aroma Je nach Qualitätsstufe schmeckt Paprika von mild-aromatisch bis sehr scharf. Delikatess-Paprika besteht aus den besten Paprikafrüchten, würzt mild-aromatisch und gibt den Speisen eine appetitliche, hellrote Farbe. Edelsüß-Paprika ist das gebräuchlichste Paprikagewürz. Er schmeckt sehr würzig mit einer milden Schärfe und färbt die Speisen dunkelrot. Rosen-Paprika wird in der ungarischen und Wiener Küche am meisten verwendet. Er würzt brennend scharf und färbt die Speisen stark rot.

Verwendung Paprika darf man wohl als ungarisches Nationalgewürz bezeichnen. Paprikaschnitzel, Szegediner Gulasch, Serbisches Reisfleisch und Hühnerpaprika sind die Klassiker aus der Zeit der k. u. k.-Monarchie, die ohne Paprika nicht hätten berühmt werden können. Paprika passt zu Rind, Schwein, Lamm und Geflügel. Auch Suppen, Eierspeisen und Käsegerichte sowie Salate verlangen nach diesem Gewürz.

Lagerung Lagern Sie Paprikapulver kühl, dunkel und luftdicht verschlossen.

KÜCHENTIPPS

Paprika darf niemals in siedendes Fett, sondern nur in heißes Fett gegeben werden, da das Pulver sonst verbrennt.

Mit den schärferen Sorten wird das Gericht erst am Ende der Garzeit gewürzt. Je süßlicher und milder der Paprika ist, desto früher darf er in den Topf und dann auch in größeren Mengen.

PETERSILIE
PETROSELINUM CRISPUM

HERKUNFT
Mittelmeerregion

FAMILIE
Doldenblütler
(Apiaceae)

SYNONYME
Peterle, Peterling, Petergrün

VERWENDUNGSFORMEN
Blätter (frisch und getrocknet)

Wörtlich wird Petersilie aus dem Griechischen mit „Felsensellerie" übersetzt. Felsen deshalb, weil die frühesten Beschreibungen von Petersilienfunden aus felsigen Regionen stammen. Als Sellerie bezeichnete man ihn wegen der Ähnlichkeit der Blattformen. In Europa und dem gesamten Mittelmeerraum gehören die je nach Sorte glatten oder krausen Blätter ihrer Zuchtformen zu den am meisten verbreiteten Küchenkräutern. Petersilie ist zweijährig und hat eine weiße Wurzel, die in der Küche klassisch zum Suppengrün gehört.

▶ In den Gewürzmischungen Tango Picante (S. 50), Ein Hauch Neapel (S. 54) und Bonjour Marseille (S. 58) ist Petersilie enthalten.

IN DER KÜCHE

Aroma Die Blätter der Petersilie besitzen einen würzig frischen Duft und Geschmack. Die krause Petersilie schmeckt milder als die glatten Varianten.

Verwendung Petersilie ist ein Tausendsassa in den Küchen der Welt. Als Bestandteil des Bouquet garni gibt die Petersilie in der französischen Küche schon zu Anfang der Garzeit hinzugegeben Brühen und Saucen einen würzigen Grundgeschmack. Beim Taboulé, einem Salat aus der libanesischen Küche, ist Petersilie neben Minze und Weizengrieß die Hauptzutat.
Darüber hinaus gehört das Küchenkraut ebenso fest zur berühmten Frankfurter Grünen Soße wie zur spanischen Salsa verde.

Lagerung Getrocknete Petersilie ist dunkel, kühl und luftdicht verschlossen gelagert über ein Jahr haltbar.

KÜCHENTIPPS

Die frischen Blätter der Petersilie werden als Gewürzkraut meist roh oder nur kurz erhitzt verwendet, da sie sonst ihr typisches Aroma verlieren. Getrocknete Petersilie gibt man vor dem Aufkochen zum Gericht.

PFEFFER
PIPER NIGRUM

HERKUNFT
Asien

FAMILIE
Pfeffergewächse
(Piperaceae)

SYNONYM
Pfefferkörner

VERWENDUNGSFORMEN
Frucht (eingelegt, getrocknet und gemahlen)

Pfefferkörner sind die Beeren einer immergrünen Kletterpflanze. Die Früchte wachsen an Rispen, die von der Form her an unsere roten Johannisbeeren erinnern. Die Beeren werden unreif (grün) oder reif (rot) gepflückt und anschließend weiterbehandelt.

Beim **grünen Pfeffer** handelt es sich um die unreif geernteten Körner, die sofort nach der Ernte in Salz- oder Essiglake eingelegt oder in einem besonderen Verfahren gefriergetrocknet werden.
Beim **schwarzen Pfeffer** handelt es sich ebenfalls um unreif geerntete, grüne Beeren, die nach dem Pflücken in der Sonne trocknen und dabei schwarz und hart werden.
Für **weißen Pfeffer** werden die roten, vollreif geernteten Beeren etwa eine Woche gewässert, bevor das Fruchtfleisch entfernt wird. Dann trocknen die Körner in der Sonne und erhalten ihre typische gelbweiße Farbe.
Langer Pfeffer *(Piper longum)* ist so scharf wie schwarzer Pfeffer, aber etwas süßlich und gleichzeitig säuerlicher im Geschmack. Vor dem Gebrauch muss er zermahlen oder im Mörser zerstoßen werden.
Rosa Pfeffer gehört eigentlich nicht zu den echten Pfefferarten, sondern stammt von dem brasilianischen Pfefferbaum *(Schinus terebinthifolia)* ab, der in ganz Südamerika beheimatet ist. Die nicht ganz reifen rosafarbenen Beeren werden genauso verarbeitet wie der schwarze Pfeffer. Der Geschmack ist eher süßlich, aromatisch-würzig und nur leicht scharf.
Zitronenpfeffer ist keine Pfeffersorte, sondern eine Gewürzmischung aus Pfeffer und meist Zitronenschale, aber auch Zitronengras, Zitronenmelisse oder Limette.

▶ Pfeffer ist in vielen der pikanten und in wenigen süßen Gewürzmischungen enthalten.

IN DER KÜCHE

Aroma Pfeffer riecht kaum und hat eine aromatische Schärfe, die ein leichtes Brennen hervorruft.

Verwendung Pfeffer würzt eigentlich alle pikanten Gerichte. Grüner Pfeffer passt darüber hinaus auch zu süßen Desserts wie Obstsalat, Erdbeeren und Schokoladenspeisen.

Lagerung Kühl, dunkel und luftdicht verschlossen bleibt das Aroma der Pfefferkörner bis zu drei Jahre erhalten. Ein geöffnetes Glas grüner Pfefferkörner hält sich im Kühlschrank bis zu sechs Wochen.

KÜCHENTIPPS

Zwei Pfeffer-Faustregeln verfasste ein berühmter Koch: weißer Pfeffer an helle Speisen, schwarzer an dunkle. Ganze Pfefferkörner mitkochen, gemahlenen Pfeffer erst zum Schluss zum Gericht geben.

PIMENT
PIMENTA DIOICA

HERKUNFT
Mittelamerika und Westindischen Inseln

FAMILIE
Myrtengewächse
(Myrtaceae)

SYNONYME
Nelkenpfeffer, Jamaikapfeffer, Neugewürz, Allgewürz

VERWENDUNGSFORMEN
Samen (getrocknet. ganz oder gemahlen)

Christoph Kolumbus, der das Gewürz entdeckte, hielt es für Pfeffer und nannte es dementsprechend „Jamaikapfeffer". Jamaika ist noch heute das Hauptanbaugebiet für Piment. Von dort soll auch der beste Piment kommen. Der immergrüne Pimentbaum wird bis 12 m hoch und kann bis zu 100 Jahre alt werden. Im siebten Jahr trägt er erstmals Früchte. Die Beeren werden noch vor der Reife geerntet und anschließend fermentiert und getrocknet. Dadurch schrumpft die Frucht und es entsteht die faltige, ledrige, braune Haut. Der Ertrag eines Pimentbaums kann in einem guten Jahr bei 45 kg liegen. Der Pimentbaum ist botanisch eng mit dem Gewürznelkenbaum verwandt. Die Azteken und Maya würzten Schokolade mit Piment und verwendeten das Gewürz auch für kultische Zwecke.

▶ Piment ist in den Gewürzmischungen Hänsels Versuchung (S. 108) und Feuer der Karibik (S. 86) enthalten.

IN DER KÜCHE

Aroma Piment riecht nach Gewürznelken mit einem Hauch von Zimt und Muskat. Im Geschmack ist er jedoch pfeffrig scharf.

Verwendung Pimentkörner würzen Marinaden für Wild, Rindfleisch und Fisch. Gurken, Mixed Pickles und Kohlgerichte vertragen ebenfalls etwas Piment. Auch der Geschmack von Leberknödeln, Wildpastete und Sauerkraut lässt sich durch das Gewürz verfeinern. Gar unentbehrlich ist Piment für Aachener Printen und Spekulatius. Auch Liköre wie Stonsdorfer, Chartreuse und Benediktiner enthalten Auszüge von Piment.

Lagerung Pimentkörner halten sich trocken, dunkel und luftdicht verschlossen gelagert bis zu drei Jahre, das Pulver verliert schnell an Aroma.

KÜCHENTIPPS

Das volle Aroma entwickelt sich erst, wenn Sie Piment im Mörser zerstoßen oder in einer Pfeffermühle zermahlen.
Piment harmoniert sehr gut mit Muskat, Nelke, Pfeffer sowie Zitrone und Essig.

ROSMARIN
ROSMARINUS OFFICINALIS

HERKUNFT
Mittelmeerregion

FAMILIE
Lippenblütler
(Labiatae, Lamiaceae)

SYNONYME
Meertau, Brautkraut, Kranzkraut, Weihrauchkraut, Balsamstrauch, Marienkraut

VERWENDUNGSFORMEN
Blätter (frisch und getrocknet)

Wild wächst Rosmarin in der Mittelmeerregion in Küstennähe, oft an trockenen Steilhängen. Der lateinische Name „ros marinus" bedeutet übersetzt „Meertau". Der immergrüne Halbstrauch liebt die Sonne und mag es nicht zu nass. Je intensiver die Sonneneinstrahlung, desto besser entwickelt sich sein Aroma. Die schmalen, blaugrünen Blätter duften harzig und erinnern auch in ihrer Form an Tannennadeln.
Bei den alten Ägyptern, Griechen und Römern galt Rosmarin als heiliges Kraut. Er war der griechischen Göttin Aphrodite geweiht und galt als Fruchtbarkeitssymbol. Darüber hinaus war er ein Sinnbild für Treue und Verlässlichkeit. Ein Zweig Rosmarin wurde in die Wiege gelegt und als Hochzeitskranz getragen. Liebespaare steckten einen Rosmarinzweig in die Erde, wuchs er an, verhieß dies ein langes gemeinsames Liebesglück.

▶ Rosmarin ist in den Gewürzmischungen Feuriger Garten (S. 98), Goldener Kräutergarten (S. 48), Bonjour Marseille (S. 58), Sommer in Apulien (S. 68) und Sonne von Santorin (S. 78) enthalten.

IN DER KÜCHE

Aroma Rosmarin schmeckt harzig und würzig, frisch riecht er äußerst aromatisch. Getrocknet schmeckt er schnell etwas bitter und herb und sollte daher sparsam eingesetzt werden.

Verwendung Rosmarin ist ein klassisches Gewürz der mediterranen Küche. Er würzt Lamm, Wild, Schweinfleisch und Geflügel und passt ausgezeichnet zu fruchtigem Gemüse wie Tomaten, Auberginen, Zucchini sowie zu Buschbohnen, Kartoffeln und Hülsenfrüchten.

Lagerung Frische Rosmarinzweige in feuchtes Küchenpapier einschlagen und in einem Gefrierbeutel im Gemüsefach des Kühlschranks aufbewahren. So hält er sich über eine Woche. Getrockneter Rosmarin sollte dunkel, kühl und luftdicht verschlossen gelagert werden.

KÜCHENTIPPS

Rosmarinnadeln geben ihr Aroma sehr gut an Essig und Öl ab. Mit diesen flüssigen Aromaträgern kann besonders gut Salat gewürzt werden.
Rosmarin entfaltet erst sein volles Aroma beim Kochen. Er sollte frühzeitig zum Gericht gegeben werden – entweder nur die Nadeln oder ganze Zweige. Vor dem Servieren die Zweige entfernen.
Beim Grillen können Sie einen Zweig Rosmarin auf der Holzkohle verbrennen lassen.
Getrockneten Rosmarin im Mörser kurz zerreiben, dann entfaltet sich sein Aroma besser.

SAFRAN
CROCUS SATIVUS

HERKUNFT
Vorderasien

FAMILIE
Liliengewächs
(Iridaceae)

SYNONYME
Gelbe Würze, Suppengelb

VERWENDUNGSFORMEN
getrocknete Blütennarben (ganz oder gemahlen)

Safran ist eine Krokusart. Während der sechswöchigen Blütezeit werden die Narben der Safranblüte von Hand abgezwickt und anschließend getrocknet. Dabei verlieren sie etwa 80 Prozent ihres Ausgangsgewichts. Für 500 g Safrangewürz braucht man 200 000 bis 400 000 Narben. Dies erklärt, dass Safran heute zu einem der teuersten Gewürze der Welt zählt. Aus diesem Grund wurde Safranpulver schon früh mit Saflor, den gemahlenen Samen der Färber- bzw. Öldistel, oder auch gemahlener Kurkuma gestreckt. Im Mittelalter wurde in Nürnberg das Strecken von Safran mit dem Tod durch Verbrennen bestraft. In der arabischen Küche wird heute noch mit Saflor gewürzt, der auch „Türkischer Safran" genannt wird. Touristen kaufen ihn häufig auf dem Basar als vermeintlich billigen „echten" Safran. Der beste Safran kommt angeblich aus der spanischen Hochebene „La Mancha".

▶ Safran ist in der Gewürzmischung Risottoparfum (S. 60) enthalten.

IN DER KÜCHE

Aroma Safran ist aromatisch herb und zartbitter bis würzig im Geschmack und färbt die Speisen gelb.

Verwendung Safran macht nicht nur „den Kuchen gel(b)", sondern darf auch bei Klassikern der pikanten Küche nicht fehlen: Er färbt die spanische Paella, die französische Bouillabaisse und das italienische Risotto alla milanese. Er gehört in viele arabische Reisgerichte und passt ausgezeichnet zu Lamm, Geflügel und Fisch.

Lagerung Safran sollten Sie als Fäden kaufen, denn sie bleiben länger aromatisch als das Pulver. Das Gewürz sollte luftdicht, dunkel und trocken gelagert werden.

KÜCHENTIPPS

Hochwertige Safranfäden sind dunkelrot und fühlen sich fettig an. Erst beim Auflösen in Wasser entsteht die typisch gelbe Farbe.
Das feinste Aroma erzielen Sie, wenn Sie die Safranfäden im Mörser zerstoßen.
Safranpulver kann direkt in die Speise gerührt werden.

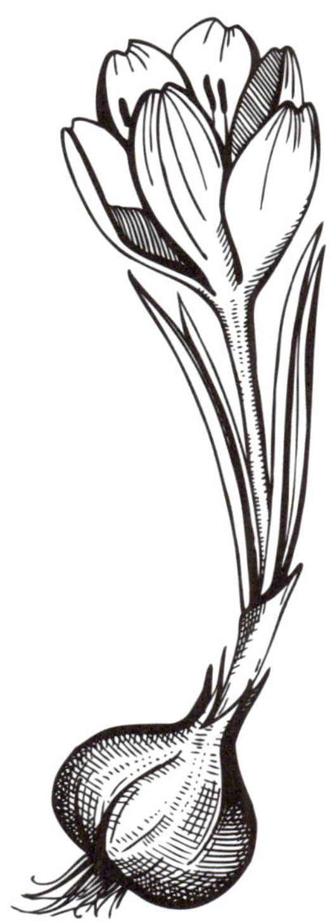

SALBEI
SALVIA OFFICINALIS

HERKUNFT
Mittelmeerregion

FAMILIE
Lippenblütler
(Labiatae, Lamiaceae)

SYNONYME
Griechischer Tee, Muskatellerkraut, Zahnblatt, Gartensalbei, Schaleiblätter, Zahnsalbei, Schmale Sofie, Königssalbei, Rauchsalbei, Kreuzsalbei

VERWENDUNGSFORMEN
Blätter (frisch und getrocknet)

Die Römer schätzten die Pflanze mit den graugrünen und leicht behaarten Blättern als heilbringendes Kraut. Daher stammt auch sein Name, der auf das lateinische Verb „salvare", was retten oder erlösen bedeutet, zurückgeht. Zur Zeit Karls des Großen wurde Salbei in Klostergärten angebaut. Aus dem 13. Jahrhundert stammt ein Vers, der besagt, dass Salbei die größten Chancen hätte, den Tod zu vertreiben. Es gibt Hunderte Salbeiarten. Die bekanntesten Verwandten unseres Salbeis sind Ananassalbei *(Salvia rutilans)*, Pfirsichsalbei *(Salvia greggii)*, Fruchtsalbei *(Salvia dorisiana)* und Muskatellersalbei *(Salvia sclarea)*, der wegen seiner starken Muskatnote von der Parfümindustrie angebaut wird. Alle genannten Arten stammen ebenso wie der Heilige Salbei oder Aztekensalbei *(Salvia divinorum)* aus Mittelamerika.

▶ Salbei ist in den Gewürzmischungen Sonne von Santorin (S. 78) und Bonjour Marseille (S. 58) enthalten.

IN DER KÜCHE

Aroma Salbei schmeckt frisch, würzig, leicht bitter und kann bei zu hoher Würzmenge fast seifig schmecken.

Verwendung Salbei ist ein klassisches Gewürz der italienischen Küche. Saltimbocca, Tortellini mit Salbeibutter und Polenta mit Gorgonzola und Salbei sind die Klassiker. Er passt aber auch ausgezeichnet zu Tomaten, Kartoffeln und Hülsenfrüchten. Hackfleisch und Geflügelfüllungen lassen sich ebenfalls wunderbar mit Salbei würzen.

Lagerung Frische Salbeizweige in feuchtes Küchenpapier einschlagen und in einem Gefrierbeutel im Gemüsefach des Kühlschranks aufbewahren. So hält er sich mehrere Tage. Getrockneter Salbei ist intensiver im Aroma als frischer. Er sollte dunkel, kühl und luftdicht verschlossen gelagert werden.

KÜCHENTIPPS

Salbei harmoniert ausgezeichnet mit Rosmarin, Thymian, Oregano, Petersilie und Lorbeer.
Falls Sie Salbei selbst im Garten haben, sollten Sie frische Triebe vor der Blüte ernten. Die Stängel in Büscheln zusammengebunden an einem luftigen und warmen Ort zum Trocknen aufhängen.
Salbei hat eine starke Würzkraft, daher immer sparsam verwenden.
Salbei im Öl mitbraten, dann entwickelt er ein besonders volles Aroma.

SCHNITTLAUCH
ALLIUM SCHOENOPRASUM

HERKUNFT
Sibirien, Nord- und Mitteleuropa

FAMILIE
Lauchgewächse
(Allioideae)

SYNONYME
Graslauch, Binsenlauch, Brislauch, Grusenich, Jakobszwiebel, Schnittling

VERWENDUNGSFORMEN
Blätter (frisch und getrocknet)

Schnittlauch wächst bei uns wild in Flussauen und auf Feuchtwiesen. Er gehört neben der Petersilie zu den beliebtesten Küchenkräutern und schmeckt am besten frisch geerntet aus dem eigenen Garten. Mit seinen rosa- bis lilafarbenen, ebenfalls essbaren Blüten ist der Schnittlauch auch eine schöne Zierpflanze. Beeteinfassungen aus Schnittlauch haben in Klostergärten eine lange Tradition, heute werden auch Dachgärten und manchmal Wegränder mit Schnittlauch bepflanzt. Schnittlauch ist mit der Küchenzwiebel *(Allium cepa)*, dem Knoblauch *(Allium sativum)* und dem Bärlauch *(Allium ursinum)* verwandt.

▶ Schnittlauch ist in den Gewürzmischungen Goldener Kräutergarten (S. 48) und Grüner Daumen (S. 64) enthalten.

IN DER KÜCHE

Aroma Schnittlauch schmeckt würzig pikant und hat eine typische Zwiebelnote. Frisch ist der Geschmack wesentlich intensiver als getrocknet.

Verwendung Schnittlauch würzt vor allem Eierspeisen, Omelette, Spiegelei, Eiersalat oder Rührei. Aber auch bei Frischblattsalaten, Sour Cream, Kräuterdips, Kräuterbutter, Kräuterquark, Mayonnaise, Kartoffelsalat oder sämiger Kartoffelsuppe ist die würzig-pikante Note des Schnittlauchs willkommen. Optisch ansprechend und nicht minder delikat sind Schnittlauchblüten. Die essbaren Blüten schmecken ebenfalls lauchig und sind in Sommersalaten ein bunter Blickfang.

Lagerung Gefriergetrocknete Schnittlauchröllchen sind wesentlich weniger aromatisch als frischer Schnittlauch, daher sollten Sie Schnittlauch am besten im Topf auf der Fensterbank ziehen. Schnittlauch selbst zu trocknen ist nicht möglich.

KÜCHENTIPPS

Frieren Sie Schnittlauch ein, um ihn haltbar zu machen. Dazu den Schnittlauch mit der Haushaltsschere in kleine Röllchen schneiden.

SICHUANPFEFFER
ZANTHOXYLUM PIPERITUM

HERKUNFT
zentralchinesische Provinz Sichuan

FAMILIE
Rautengewächse
(Rutaceae)

SYNONYME
Szechuanpfeffer, Anispfeffer, Bergpfeffer, Blütenpfeffer, Japanischer Pfeffer, Chinesischer Pfeffer, Indonesischer Zitronenpfeffer

VERWENDUNGSFORMEN
getrocknete Fruchtschale (ganz und gemahlen)

Sichuanpfeffer sind die getrockneten Fruchtschalen eines in Asien weit verbreiteten, relativ kleinen Baumes. Die Früchte werden im unreifen Zustand geerntet und dann getrocknet. Der Samen ist bitter und wird vor dem Verkauf des Gewürzes entfernt. Sichuanpfeffer ist mit den Zitruspflanzen verwandt. Neben dem bei uns in Europa verkauften chinesischen Sichuanpfeffer gibt es regionale Arten, vor allem in Nordindien und in Japan.

▶ Sichuanpfeffer ist in der Salzmischung Bengalische Nacht (S. 76) enthalten.

IN DER KÜCHE

Aroma Sichuanpfeffer hat einen pfeffrigen, leicht zitronigen, frischen Geschmack. Die Wildform besitzt einen viermal höheren Gehalt an ätherischen Ölen und ist dadurch deutlich aromatischer als die in China kultivierte Form. Im direkten Kontakt mit der Zunge entwickelt sich eine prickelnde Schärfe und eine betäubende Wirkung.

Verwendung Sichuanpfeffer ist ein klassisches Gewürz der zentralasiatischen Küche. Er passt ausgezeichnet zu Fisch, aber auch zu Schweinefleisch, Hähnchen und Ente. Er wird über Nudel- und Reissuppen gestreut und darf beim japanischen Sukiyaki-Grillen als Gewürz am Fleisch nicht fehlen. Sichuanpfeffer ist Bestandteil des chinesischen Fünf-Gewürze-Pulvers und der japanischen Sieben-Gewürze-Mischung.

Lagerung Die ganzen Fruchtkapseln sollten Sie dem Pulver vorziehen, da sie länger ihr Aroma bewahren. Sichuanpfeffer sollte luftdicht verschlossen, kühl und dunkel aufbewahrt werden.

KÜCHENTIPPS

Sichuanpfeffer vor der Zubereitung in einer Pfanne ohne Fett rösten, damit er sein Aroma voll entwickelt. Danach im Mörser zerstoßen.
Sichuanpfeffer wird im Verhältnis 1:5 mit Salz zerrieben und als Tischgewürz in Zentralasien verwendet.
Sichuanpfeffer nicht zu lange mitkochen, da er sehr an Geschmack verliert. Üblicherweise wird er kurz vor dem Servieren über die Speise gegeben.

STERNANIS
ILLICIUM VERUM

HERKUNFT
Asien

FAMILIE
Sternanisgewächse
(Schisandraceae)

SYNONYME
Badian, China-Anis

VERWENDUNGSFORMEN
Samen (ganz oder gemahlen)

Sternanis ist optisch eins der schönsten Gewürze. Es handelt sich um die sternförmigen Früchte eines immergrünen Baums, die nach der Ernte in der Sonne getrocknet werden. Dabei verlieren sie etwa drei Viertel ihres Frischgewichts. Mit dem Anis ist Sternanis botanisch nicht verwandt.
Sternanis wird bereits seit 3000 Jahren in der chinesischen Küche verwendet. Die Chinesen hüteten dieses Gewürz wie einen Schatz, so dass es in Europa erst sehr spät bekannt wurde. Nicht Marco Polo war es, der es von seinen Reisen mitbrachte, sondern der englische Seefahrer Thomas Cavendish hatte es um 1588 in seinem Gepäck.

▶ Sternanis ist in den Gewürzmischungen Christkinds Köstlichkeit (S. 116), Naschkätzchen (S. 122), Tempel von Bangkok (S. 56) und der Salzmischung Bengalische Nacht (S. 76) enthalten.

IN DER KÜCHE

Aroma Sternanis duftet wie Anis, aber sein Geschmack ist voller, feuriger und schwerer.

Verwendung In der chinesischen Küche ist Sternanis Bestandteil des Fünf-Gewürze-Pulvers und wird zum Würzen von Schweinefleisch, Ente und Gans verwendet. In Europa würzt es Pfefferkuchen, Pflaumen- und Birnenkompott, Süßspeisen sowie Weihnachtstee und Glühwein. Das Öl wird auch anstelle von Anisöl zum Würzen von Zucker- und Backwaren, Eis und Likören wie z. B. Anisette verwendet.

Lagerung Die ganzen Früchte halten dunkel, trocken und luftdicht gelagert mehrere Jahre ihr Aroma. Zu Pulver gemahlen verliert sich der Geschmack schneller.

KÜCHENTIPPS

Geben Sie ein Stück Sternanis ins Innere von Huhn oder Ente, das gibt ein würzig süßes Aroma. Sternanis lässt sich gut mit Ingwer, Zimt, Nelken, Pfeffer und Sojasauce kombinieren.

THYMIAN
THYMUS VULGARIS

HERKUNFT
Mittelmeerregion in Südeuropa

FAMILIE
Lippenblütler
(Labiatae, Lamiaceae)

SYNONYME
Gartenthymian, Echter Thymian, Römischer Thymian, Welscher Quendel, Demut, Immenkraut, Suppenkraut, Kuttelkraut, Kudelkraut

VERWENDUNGSFORMEN
Blätter (frisch und getrocknet)

Thymian symbolisierte in der Antike Stärke und Kraft. Das zeigt schon der Name, der auf das altgriechische Wort für „Lebenskraft" zurückgeht. Die römischen Legionäre nahmen vor einer Schlacht Thymianbäder, die ihnen Mut und Kraft verleihen sollten, damit sie den Sieg nach Hause bringen. Die alten Griechen benutzten Thymian vor allem als Räucherpflanze. Auch in der Heilkunde spielte Thymian seit jeher eine große Rolle. Schon Hildegard von Bingen empfahl das Heilkraut bei Atemnot oder Keuchhusten. Noch heute wird Thymian in der Alternativmedizin bei Erkrankungen der oberen Atemwege empfohlen.

▶ Thymian ist in den Gewürzmischungen New Orleans Fever (S. 90), Tango Picante (S. 50), Bonjour Marseille (S. 58), Sommer in Apulien (S. 68) und Sonne von Santorin (S. 78) enthalten.

IN DER KÜCHE

Aroma Thymian schmeckt würzig, herzhaft und ein bisschen harzig. Er hat einen intensiven Geruch.

Verwendung Thymian passt sehr gut zu Fleisch- und Kohlgerichten, zu Fischterrinen, aromatischen, fruchtigen Suppen und Saucen sowie zu Salat. Auch Zucchini, Auberginen und Tomaten werden gerne mit Thymian gewürzt.
Mit Zitronenthymian *(Thymus citriodorus)* lassen sich auch Desserts und Obstsalate würzen.

Lagerung Frische Thymianzweige in feuchtes Küchenpapier einschlagen und in einem Gefrierbeutel im Gemüsefach des Kühlschranks aufbewahren. So halten sie sich etwa eine Woche. Getrockneter Thymian ist im Aroma sehr intensiv. Er sollte dunkel, kühl und luftdicht verschlossen gelagert werden.

KÜCHENTIPPS

Zum Würzen genügen kleine Mengen, die auch längere Zeit mitgekocht werden können.
Thymian harmoniert gut mit Rosmarin, Oregano, Salbei und Bohnenkraut.
Getrockneter Thymian aus eigener Ernte ist oft viel intensiver. Die getrockneten Blätter lassen sich gut mit einer Gabel von den Zweigen abstreifen.

TONKABOHNE
DIPTERYX ODORATA

HERKUNFT
nördliches Südamerika

FAMILIE
Schmetterlingsblütler
(Faboideae)

SYNONYME
Tonca, Sarrapia

VERWENDUNGSFORMEN
Samen (ganz und gemahlen)

Tonkabohnen sind die getrockneten Samen des Tonkabaums. Das Gewürz war lange Zeit der Geheimtipp der Sterneköche. Heute findet man Tonkabohnen relativ preiswert im Gewürzregal eines jeden größeren Supermarkts. In ihrer Heimat Südamerika werden der Tonkabohne magische, heilende und erotisierende Kräfte zugesprochen. Als Schutzamulett soll sie gegen Krankheiten wirken und Wünsche erfüllen. Dem, der sie in der Geldbörse trägt, soll sie Wohlstand und Erfolg bringen. Bis Mitte der vierziger Jahre des 20. Jahrhunderts war die Bohne ein offizielles Zahlungsmittel in Venezuela.

▶ Tonkabohne ist in den Gewürzmischungen Schätze der Sonne (S. 110) und Schneewittchens Geheimnis (S. 112) enthalten.

IN DER KÜCHE

Aroma Tonkabohne schmeckt nach einer Mischung aus Vanille und Rum, erdig und etwas zimtig.

Verwendung Tonkabohne ist ein guter Ersatz für die teurere Vanille. Die Bohne passt zu Schokolade und Kaffee. Süße Desserts, Plätzchen, Gebäck und Kuchen lassen sich geschmacklich mit der Tonkabohne verfeinern. Rehwild verleiht die Tonkabohne einen edlen Geschmack.

Lagerung Ziehen Sie ganze Bohnen der fertig gemahlenen Tonkabohne vor. Denn die ganzen Bohnen halten länger ihr Aroma, wenn sie trocken, dunkel und verschlossen gelagert werden. Zum Würzen werden die Bohnen mit einer Muskatreibe direkt ins Gericht gerieben.

KÜCHENTIPPS

Die Tonkabohne wird wie die Muskatnuss verwendet. Dosieren Sie sparsam.
Tonkabohnen kann man auch auskochen. Dafür drei bis fünf Bohnen auf 1 l Milch oder Sahne etwa zehn Minuten mitkochen. Die Bohnen anschließend abwaschen und trocknen lassen. Aufgrund ihres intensiven Aromas kann man sie so bis zu neun Mal wiederverwenden.

VANILLE
VANILLA PLANIFOLIA

HERKUNFT
Mittelamerika

FAMILIE
Orchideengewächse
(Orchidaceae)

SYNONYME
Vanillestange, Vanilleschote

VERWENDUNGSFORMEN
getrocknete Fruchtkapsel bzw. Samen

Vanilleschoten sind die langen, schlauchförmigen Früchte einer mittelamerikanischen Orchideenart. Die Blüten der bis zu 15 m hoch wachsenden Kletterpflanze sind nur wenige Stunden geöffnet und müssen während dieser Zeit in freier Natur mithilfe von Kolibris befruchtet werden. Im kommerziellen Anbau werden die Blüten künstlich befruchtet. Nach sechs bis acht Monaten haben sich die Vanillestangen voll entwickelt. Die Früchte werden vor der Reife geerntet und dann fermentiert. Dabei werden die grüngelben Früchte schwarzbraun und entwickeln ihr intensives Aroma. Vanillin ist der Hauptaromaträger des Gewürzes.
Schon vor 4000 Jahren bauten die Azteken Vanille als Gewürz an und verwendeten sie auch als Zahlungsmittel. Erst gegen 1810 fanden die ersten Vanillestecklinge ihren Weg nach Europa. Vanille gehört heute zu den teuersten Gewürzen.

▶ Vanille ist in den Gewürzmischungen Blüten des Orients (S. 74), Omas Waffelzauber (S. 114), Das magische Quartett (S. 120) und Naschkätzchen (S. 122) enthalten.

IN DER KÜCHE

Aroma Vanille riecht intensiv und leicht süß. Sie schmeckt süß und doch ein bisschen würzig.

Verwendung Vanille würzt Schokolade, Kaffee, Desserts, Cremes, Obstkompott und Obstsalat. Plätzchen, Gebäck und Kuchen werden geschmacklich mit Vanille verfeinert. In der mexikanischen Küche werden aber auch pikante Gerichte wie Krustentiere und Fleischgerichte mit Vanille gewürzt.

Lagerung Vanilleschoten sollten kühl, dunkel und luftdicht verschlossen gelagert werden.

KÜCHENTIPPS

Vanilleschoten gibt es im Handel von unterschiedlicher Qualität und Herkunft. Ausgezeichnete Qualität wird als Bourbon-Vanille angeboten.
Das aromatische Fruchtmark befindet sich im Innern der Frucht. Um es freizulegen, wird die Frucht der Länge nach aufgeschnitten und das Mark herausgekratzt. Bei gekochten Speisen kann aber auch die ganze, aufgeschnittene Frucht mitgekocht werden. Die Frucht selbst ist nicht essbar.
Die ausgekratzte Vanilleschote nicht wegwerfen. Füllen Sie die Schote mit etwa 250 g Zucker in ein Schraubglas. Nach etwa sechs Wochen hat sich das Vanillearoma auf den Zucker übertragen.

WACHOLDER
JUNIPERUS COMMUNIS

HERKUNFT
nördliche Halbkugel

FAMILIE
Zypressengewächse
(Cupressaceae)

SYNONYME
Räucherstrauch, Reckolder, Machandel, Kaddigbeere, Kronawitt

VERWENDUNGSFORMEN
Samen (frisch und getrocknet, ganz und gemahlen)

Die Würzkraft der Wacholderbeeren ist stark vom Klima abhängig: Je mehr Sonne sie genießen konnten, desto aromatischer schmecken sie. Die Beeren sind zunächst grün und erhalten erst nach einem Jahr Reife am Baum ihre bläulich schwarze Färbung. Der auch als Zypresse des Nordens bezeichnete Wacholder kann bis zu 2000 Jahre alt werden. Bei so alten Exemplaren erreicht der Stamm einen Durchmesser von bis zu 1 m.
Bei den alten Germanen war er der heilige Baum des Lebens. Die immergrüne Pflanze war ein Symbol für Fruchtbarkeit, Gesundheit und ewiges Leben. Unzählig sind die tief im Volksglauben verankerten Sagen und Märchen, die dem Wacholder gute Eigenschaften zuschreiben.

▶ Wacholder ist in der Gewürzmischung Midsommar-Mischung (S. 62) enthalten.

IN DER KÜCHE

Aroma Wacholder hat einen würzig-süßen, leicht harzigen Geschmack. Er verströmt einen Duft wie im Nadelwald.

Verwendung Wacholder ist das klassische Gewürz für Wildgerichte, insbesondere Wildschwein, Reh und Taube. Er passt aber auch sehr gut zu Lamm-, Rind- und Schweinefleisch sowie zu Sauerkraut, Rot- und Weißkraut, Rote Bete und Rüben. Wacholder aromatisiert außerdem Gin und Genever.

Lagerung Luftdicht verschlossen, kühl und dunkel aufbewahrt, sind die Beeren bis zu drei Jahre haltbar. Gemahlen verliert das Gewürz schneller an Aroma.

KÜCHENTIPPS

Zerdrückt oder grob zerstoßen entfaltet Wacholder am besten sein Aroma. Wacholder ist im Geschmack sehr kräftig und kann daher sehr dominant hervorschmecken. Sechs bis acht Beeren sind ausreichend für eine Wildmarinade, vier Beeren für eine Sauerkrautbeilage für vier Personen. Wacholder wird oft mit Lorbeer, schwarzem Pfeffer, Senfkörnern, Knoblauch, Majoran und Thymian kombiniert.

ZIMT
CINNAMOMUM SPEC.

HERKUNFT
Sri Lanka (Ceylon) und Südchina

FAMILIE
Lorbeergewächse
(Lauraceae)

SYNONYME
Ceylon-Zimt: Echter Zimt
Kassiazimt: Chinesischer Zimt,
China-Zimt, Gemeiner Zimt

VERWENDUNGSFORMEN
Getrocknete Innenrinde (in Stücke zerteilt oder gemahlen)

Echter Zimt *(Cinnamomum verum)* stammt aus Sri Lanka, dem ehemaligen Ceylon. Daher wird er auch Ceylon-Zimt genannt. Kassiazimt *(Cinnamomum cassia)* stammt aus Südchina, wird heute aber auch in Indonesien, Vietnam und Japan angebaut. Zur Zimtgewinnung wird den Zimtbäumen die Rinde abgeschnitten und anschließend getrocknet. Dabei rollt sich die Rinde auf, wodurch die uns bekannten Zimtstangen entstehen. Während sich die Rinde des Kassiabaums nur von einer Seite aufrollt, rollt sie sich beim echten Zimt von beiden Seiten auf. Dies ist ein sicheres Unterscheidungsmerkmal. Ferner ist der Kassiazimt dunkler und die Rinde auch wesentlich dicker. Oft wird Zimt nur gemahlen angeboten und dann lassen sich die Zimtsorten nur noch schwer unterscheiden.
Zimtblüten sind die sich gerade entwickelnden Früchte des Zimtbaumes. Sie werden kurz nach dem Verblühen geerntet und haben im Vergleich zu Zimtstangen ein milderes Aroma. Aufgrund ihrer äußerlichen Ähnlichkeit zu Gewürznelken, werden sie auch „Zimtnelken" genannt.

▶ Zimt ist in den Gewürzmischungen Kuss aus Konstantinopel (S. 92), Zucchinizauber (S. 52), Hänsels Versuchung (S. 108), Schätze der Sonne (S. 110), Schneewittchens Geheimnis (S. 112), Omas Waffelzauber (S. 114), Christkinds Köstlichkeit (S. 116), Das magische Quartett (S. 120) und Naschkätzchen (S. 122) sowie in den Salzmischungen Juwel aus Jaipur (S. 72) und Bengalische Nacht (S. 76) enthalten.

IN DER KÜCHE

Aroma Zimt ist hocharomatisch, fein und süßlich, doch zugleich auch bitter im Geschmack. Kassiazimt ist etwas herber und sollte daher etwas sparsamer als Ceylon-Zimt verwendet werden.

Verwendung Zimt ist das wichtigste Gewürz in der Weihnachtsbäckerei. Er passt gut zu säuerlichem Obst wie Rhabarber, Pflaumen und Äpfeln. Beim Milchreis ist er nicht wegzudenken. Mit Zimt lassen sich aber auch Fleisch- und Wildgerichte würzen.

Lagerung Ob als Stange oder Pulver – Zimt sollte stets dunkel, luftdicht verschlossen und trocken gelagert werden.

KÜCHENTIPPS

Kassiazimt ist Bestandteil des chinesischen Fünf-Gewürze-Pulvers und vertritt den Zimt klassischerweise in der asiatischen Küche.
Kassiapulver sollte etwas sparsamer eingesetzt werden, da es schneller bitter schmeckt. Kassia darf auch nicht mit zu heißem Öl in Berührung kommen, denn er verbrennt leicht.

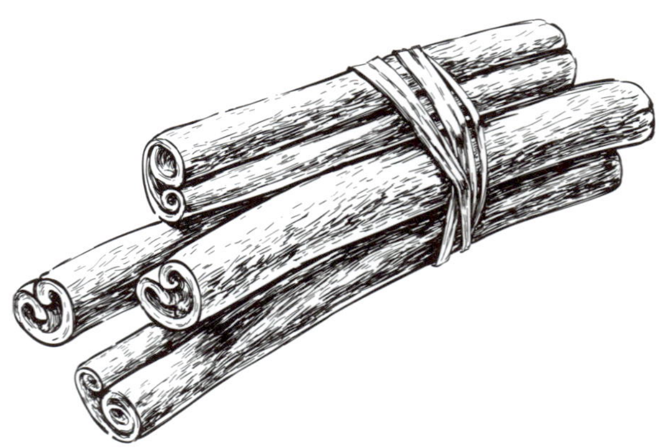

ZITRONENGRAS
CYMBOPOGON CITRATUS

HERKUNFT
tropisches Südostasien

FAMILIE
Süßgräser
(Poaceae)

SYNONYME
Malargras, Serehgras, Lemongras, Zitronellgras

VERWENDUNGSFORMEN
Halme (frisch und getrocknet, gestückelt und gemahlen)

Zitronengras wächst aus einer knolligen Wurzel bis zu 2 m hoch in dichten Büscheln. Die Blätter der tropischen Gewürzpflanze sind lang und spitz. Sehr fein geschnitten finden nur ganz junge, zarte Blätter Verwendung in der Küche. Ältere Blattteile sind strohig und zäh. Allerdings ist das Aroma dieser strohigen Pflanzenteile noch intensiver. Es gibt etwa 55 Arten Zitronengras. Während *Cymbopogon citratus* hauptsächlich als Gewürz angebaut wird, ist das verwandte ostindische Zitronengras *(Cymbopogon flexuosus)* kulinarisch weniger bedeutend, sondern wird in Indien hauptsächlich zur Parfümherstellung und als Heilkraut kultiviert.

▶ Zitronengras ist in den Gewürzmischungen Feuer der Karibik (S. 86), Tempel von Bangkok (S. 56) und Hänsels Versuchung (S. 108) enthalten.

IN DER KÜCHE

Aroma Zitronengras ist kräftig säuerlich, frisch und zitronenartig im Geschmack mit einem Hauch von Kardamom.

Verwendung Zitronengras wird insbesondere in der thailändischen, vietnamesischen, indonesischen und indischen Küche eingesetzt. Es würzt dort vor allem Suppen, Schmorgerichte mit Fisch und Geflügel. Es harmoniert wunderbar mit Kokosnuss, Chili und Koriandergrün.

Lagerung Frisches Zitronengras in Küchenpapier einschlagen und im Gemüsefach des Kühlschranks aufbewahren. So hält es sich problemlos mehrere Wochen.

KÜCHENTIPPS

Zitronengras ist sehr zäh und faserig. Zum Zerschneiden am besten ein Sägemesser verwenden.
Zitronengras wird in Fonds meist nur mitgekocht, aber nicht mitgegessen, denn nach dem Kochen ist es immer noch faserig und lässt sich nicht gut kauen.
Aus Zitronengras können Sie auch einen erfrischenden Tee zubereiten, dazu das Zitronengras mindestens zehn Minuten ziehen lassen, da das Aroma nur sehr langsam in den Tee übergeht.

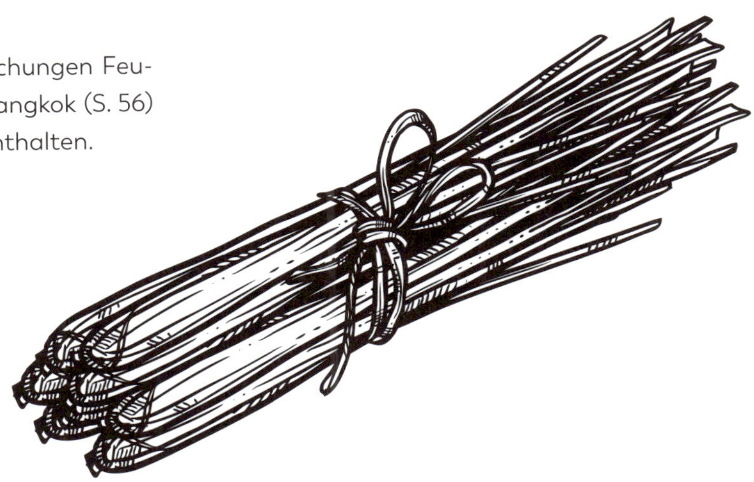

GEWÜRZMISCHUNGEN SELBER MACHEN

WARUM GEWÜRZE SELBER MISCHEN?

Das Angebot an Gewürzmischungen ist heute so vielfältig wie noch nie zuvor. Viele Start-ups sind zurzeit mit Gewürzmischungen am Markt. Deren Mixturen brechen häufig mit den althergebrachten Gewürzregeln, beispielsweise mit dem Grundsatz, dass Majoran und Oregano sich nicht mögen. So entstehen oft ungewöhnliche Kombinationen. Erlaubt ist, was gefällt.

Gewürzmischungen selbst herzustellen, hat viele Vorteile. Zunächst einmal weiß man ganz genau, was die eigene Mixtur enthält. Gekaufte Gewürzmischungen sind nicht immer frei von Zusatzstoffen. Oft werden ihnen beispielsweise Rieselhilfen zugesetzt, die verhindern sollen, dass die unterschiedlichen Gewürze sich miteinander verbinden. Zweitens können Sie beim Selbstmischen Zutaten, die sie nicht mögen oder nicht vertragen, einfach weglassen. Natürlich schmeckt die Mischung dann anders, aber das ist vielleicht manchmal wünschenswerter, als ganz auf sie zu verzichten.

ZUTATEN KAUFEN

Wenn Sie eine Gewürzmischung selbst herstellen möchten, ist der erste Schritt der Einkauf. Was gibt es hier zu beachten? Gewürze können Sie im konventionellen Supermarkt, im Bioladen, im Asialaden oder in einer Gewürzhandlung kaufen. Achten Sie in jedem Fall darauf, dass das Gewürz mit einem Mindesthaltbarkeitsdatum versehen ist. Nur so können Sie abschätzen, wie lange Ihre Gewürzmischung aufbewahrt werden kann. Auf Streetfood-Märkten sehen die Gewürzstände immer toll aus und die Kauflust steigt bei dem Anblick und den Düften ins Unermessliche. Doch wenn ein Gewürz direkt aus dem Behältnis abgefüllt wird, wissen Sie nicht, wie frisch das Gewürz ist. Ich selbst kaufe gern Gewürze von Bio-Marken, doch konnte ich die Gewürze für die Gewürzmischungen in diesem Buch nicht durchgängig in Bioqualität finden. Im Asialaden bekommt man die asiatischen Gewürze in der Regel deutlich günstiger als im Supermarkt. Gewürze wie Amchurpulver, Bockshornklee und Galgantpulver habe ich im Asialaden gekauft. Alternativen gab es zwar im Internet, aber keine Markenprodukte von den traditionsreichen, deutschen Gewürzmühlen.

Ein weiterer Tipp für den Einkauf: Kaufen Sie Gewürze nicht in großen Mengen wie beispielsweise 500-g-Packungen, es sei denn, sie möchten Gewürzmischungen für viele Freunde oder Familienmitglieder herstellen. Gewürze in dieser Menge kann man in der Regel nicht aufbrauchen, bevor das Mindesthaltbarkeitsdatum abgelaufen ist.

DIE RICHTIGE MENGE MACHT'S

Gewürze unterscheidet man in Prisen- und Mengengewürze. Prisengewürze brauchen Sie in der Regel immer nur in kleinen Mengen, da sie dominant im Geschmack sind. Zu den Prisengewürzen zählen etwa Gewürznelke, Muskatnuss und Kardamom, aber auch Koriander, Piment und Wacholder. Auch mit Vanille und Safran wird sparsam gekocht, aber neben dem geschmacklichen auch noch aus einem anderen Grund: Diese beiden Gewürze gehören nämlich zu den teuersten und kostbarsten Gewürzen. Bei manchen Gerichten kann man daher über günstigere Alternativen nachdenken. Um ein Gericht satt gelb zu färben, können Sie statt Safran beispielsweise Saflor oder falschen Safran verwenden. Dabei handelt es sich um die Röhrenblüten der Färberdistel. Die Fäden lösen sich nicht so gut auf und der falsche Safran hat auch kaum Geschmack, aber das Gericht wird dafür schön gelb. Die sehr teure Vanilleschote lässt sich oft gegen die preisgünstigere Tonkabohne austauschen.

Gewürze, die aus frischen oder getrockneten Blättern bestehen, gehören eher zu den Mengengewürzen. Dennoch sollte man auch einige von ihnen sparsam dosieren. Rosmarin oder Salbei etwa können in großen Mengen unangenehm in einer Gewürzmischung hervorschmecken. Auch Lorbeerblätter bleiben besser dezent im Hintergrund. Curryblätter hingegen sind geschmacklich eher schwach. Wer die asiatische Küche liebt, gibt daher vielleicht gern etwas mehr hinzu.

GEWÜRZE MISCHEN – SO GELINGT'S

Wenn Sie ans Mischen gehen, stellen Sie sich die Gewürze zunächst alle zurecht. Achten Sie darauf, dass der Arbeitsplatz sauber und trocken ist. Das Abwiegen von Gewürzen ist schwierig, da man dafür eine Küchenwaage benötigen würde, die unter einem Gramm wiegen kann. Messlöffel sind daher für die Arbeit mit Gewürzen besser. Falls Sie jedoch keine Messlöffel zur Hand haben, können Sie sich auch mit Zubehör aus Ihrer Besteckschublade behelfen. Messen Sie die Zutaten für die Gewürzmischungen einfach mit Esslöffel (EL) und Teelöffel (TL) ab. Wird in der Zutatenliste ein Gewürz in Stück angegeben, kommt es nicht so sehr auf die Größe an. Sie müssen sich also keine Gedanken machen, ob Ihre Vanilleschote oder Ihr Lorbeerblatt ein wenig kleiner oder größer ist als normal. Die Einheit Messerspitze (Msp.) meint die Gewürzmenge, die auf die Spitze einer Messerklinge passt. Auch dieses Maß ist nicht ganz exakt, das ist aber vertretbar.

Nicht immer bekommen Sie alle Gewürze so, wie Sie sie brauchen. Kreuzkümmel, Piment oder Bockshornkleesamen kann man oft nur im Ganzen kaufen. In diesem Fall können Sie die Gewürze mahlen. Das funktioniert natürlich am besten mit einer Gewürzmühle. Alternativ klappt das Mahlen auch mit hochwertigen Standmixern sehr gut. Beachten Sie dass ein Mixbehälter aus Kunststoff nach dem Mahlen Gebrauchspuren aufweisen wird. Ein Mixer mit Metall- oder Glasgefäß eignet sich daher bes-

ser. Je mehr Watt der Mixer hat, desto besser fällt das Ergebnis aus. Bevor Sie die Samen mahlen, ist es sinnvoll, sie in einer beschichteten Pfanne ohne Fett zu erwärmen. Dadurch werden die ätherischen Öle flüssig, die Samen werden weicher und lassen sich einfacher mahlen.
Immer wieder liest man, dass ein Mörser auch wunderbar zum Zerkleinern von Gewürzen geeignet sei. Erfahrungsgemäß ist es sehr anstrengend, mit einem kleinen Porzellanmörser zu einem passablen Ergebnis zu kommen. Ein großer Steinmörser ist hier besser geeignet. Wenn die Samen jedoch pulverig gemahlen werden sollen, ist das Ergebnis eher unbefriedigend.
Stellen Sie am besten immer nur eine Gewürzmischung auf einmal her. Das Mischen von großen Mengen verschiedener Gewürze füllt den Raum mit einer Menge an ätherischen Ölen, so dass Nase und Gaumen in die Irre geführt werden können und die Gewürzmischung am Ende nicht mehr Ihren Erwartungen entspricht.

LAGERUNG UND HALTBARKEIT

Gewürzmischungen kann man gut in Schraub- oder Weckgläsern aufbewahren. Auch Metall- oder Kunststoffdosen eignen sich wunderbar. Natürlich lassen sich Gewürzmischungen auch in Plastikbeuteln, jedoch nicht nur in Stoffsäckchen oder einer Papiertüte verpackt aufbewahren. Gewürzmischungen sollten luftdicht verschlossen gelagert werden. Trocken, bei Raumtemperatur und dunkel mögen es die Gewürze und Kräuter. Gewürzmischungen im Glas gehören somit in den Schrank und nicht dekorativ aufs Regal. Die Haltbarkeit hängt vom Haltbarkeitsdatum des Gewürzes mit dem kürzesten Haltbarkeitsdatum ab.

GEWÜRZMISCHUNGEN VERSCHENKEN

Da viele Gewürze für eine Mischung gekauft werden müssen, hat man häufig mehr von der Gewürzmischung, als man braucht. Verwenden Sie die selbstgemachten Mischungen doch einfach als kleines Geschenk oder Mitbringsel für Freunde oder Bekannte, das von Herzen kommt. Sie können z. B. ganz kleine Mengen in Reagenzgläser abfüllen und mit einem witzigen Spruch versehen. Größere Mengen geben Sie in ein kleines Weckglas, das Sie individuell verzieren. Tolle Verpackungsideen finden Sie ab Seite 126.

PIKANT & WÜRZIG

GOLDENER KRÄUTERGARTEN

BROTGEWÜRZMISCHUNG

ZUTATEN

2 EL geschnittener Schnittlauch • 3 EL gekibbelte Zwiebeln • 2 EL gerebelter Oregano • 1 EL geschnittener Rosmarin • 1 EL gemahlene Koriandersamen • 1 EL gemahlene Kurkuma • 1 TL gemahlener Schabzigerklee

ANLEITUNG

Die Gewürze und Kräuter in ein Weck- oder Schraubglas (1 l Inhalt) geben und durch kreisförmige Bewegungen des Glases mischen. Zur Aufbewahrung in ein luftdicht verschließbares Gefäß oder einen Plastikbeutel füllen.

DINKELBROT MIT SONNENBLUMENKERNEN

ZUTATEN
(FÜR CA. 800 G BROT)

300 g helles Dinkelmehl (Type 630) • 100 g Dinkelvollkornmehl • 80 g kernige Haferflocken • 1 Päckchen Trockenhefe • 1 EL Zucker • 350 g Buttermilch, lauwarm • 1 TL Salz • 1 EL Gewürzmischung Goldener Kräutergarten • 4 EL Sonnenblumenkerne

ANLEITUNG

1 Mehl und Haferflocken in einer Rührschüssel mischen und in der Mitte eine Mulde formen. Hefe und Zucker in die Mulde geben. Buttermilch, Salz und die Gewürzmischung am Rand zufügen und die Zutaten verkneten. Den Teig an einem warmen Ort ca. 30 Minuten gehen lassen, bis er sein Volumen verdoppelt hat. Den Teig erneut kneten und als länglichen Laib in eine beschichtete Kastenform geben. Abgedeckt ca. 20 Minuten gehen lassen.

2 Den Backofen auf 200 °C vorheizen und eine feuerfeste Form mit Wasser auf den Boden des Backofens stellen. Die Oberfläche des Laibs mehrmals tief einritzen, mit Wasser bepinseln und mit den Sonnenblumenkernen bestreuen. 40 Minuten backen.

TANGO PICANTE

CHIMICHURRI-GEWÜRZMISCHUNG

ZUTATEN

5 Lorbeerblätter • 6 EL geschnittene Petersilie • 1 EL gerebelter Oregano • 1 TL gerebelter Thymian • 1 TL Knoblauchpulver • 1 TL Chiliflocken • 1 TL gekibbelte Zwiebeln • 1 TL zerkleinerte Zitronenschale • ½ TL gemahlener schwarzer Pfeffer

ANLEITUNG

Die Lorbeerblätter mit einer Schere in Streifen schneiden; alternativ mörsern und dann brechen. Die Lorbeerblätter mit den anderen Zutaten in ein Weck- oder Schraubglas (1 l Inhalt) geben und durch kreisförmige Bewegungen des Glases mischen. Zur Aufbewahrung in ein luftdicht verschließbares Gefäß oder einen Plastikbeutel füllen.

GARNELEN MIT CHIMICHURRI

ZUTATEN
(FÜR 4 PORTIONEN)

500 g küchenfertige Garnelen • 2 Knoblauchzehen • 200 ml Olivenöl plus 5 EL • Saft von 2 Zitronen • 3 EL Gewürzmischung Tango Picante • 2 EL Sherryessig • Zitronenspalten zum Dekorieren • Salz • frisch gemahlener schwarzer Pfeffer

ANLEITUNG

1 Die Garnelen waschen und trocken tupfen. Den Knoblauch fein hacken. Für die Marinade Knoblauch, 5 EL Olivenöl und den Saft von 1 Zitrone in einer Schüssel verrühren, mit Pfeffer und Salz würzen. Die Garnelen zugeben und mindestens 30 Minuten ziehen lassen.

2 Für die Chimichurri die Gewürzmischung in einer Schüssel mit 200 ml Olivenöl, Sherryessig, dem Saft von 1 Zitrone und 1 Prise Salz verrühren.

3 Die Garnelen aus der Marinade nehmen, auf den heißen Grill legen, mit der restlichen Marinade bepinseln und 2–3 Minuten hellrosa garen. Mit Chimichurri und Zitronenspalten servieren.

ZUCCHINI-ZAUBER

GEMÜSEGEWÜRZ

ZUTATEN

3 EL gerebeltes Basilikum • 1 TL Knoblauchpulver • 1 EL gemahlener Ingwer • 2 EL gemahlene Kurkuma • 1 EL Paprikapulver (edelsüß) • 1 TL Zimt • 1 TL gemahlene Koriandersamen • 1 TL gemahlener Kardamom • 1 TL zerstoßener weißer Pfeffer • 1 Msp. gemahlene Muskatnuss

ANLEITUNG

Die Gewürze und Kräuter in ein Weck- oder Schraubglas (1 l Inhalt) geben und durch kreisförmige Bewegungen des Glases mischen. Zur Aufbewahrung in ein luftdicht verschließbares Gefäß oder einen Plastikbeutel füllen.

MÖHREN-KÜRBIS-SUPPE

ZUTATEN
(FÜR 4 PORTIONEN)

500 g Butternut-Kürbis • 250 g Möhren • 1 Zwiebel • 2 EL Rapsöl • 2 EL Gewürzmischung Zucchinizauber • 750 ml Gemüsebrühe • 80 g Sahne • Salz • einige Petersilienblätter zum Dekorieren

ANLEITUNG

1 Den Kürbis halbieren, von Kernen und Fasern befreien und schälen. Das Fruchtfleisch in mundgerechte Stücke schneiden. Die Möhren schälen und in Scheiben schneiden. Die Zwiebel fein hacken.

2 Das Öl in einem Topf erhitzen. Zwiebel, Möhren und Kürbis mit der Gewürzmischung darin anschwitzen. Die Brühe angießen und das Ganze ca. 15 Minuten köcheln lassen.

3 Etwa 40 g Sahne zugeben und die Suppe mit dem Stabmixer pürieren. Mit der Gewürzmischung und Salz abschmecken. Die Suppe auf Suppenschalen verteilen, mit der restlichen Sahne ein Muster in die Suppe zeichnen und die Suppe mit einem Petersilienblatt garnieren.

EIN HAUCH NEAPEL

PIZZA- UND PASTAGEWÜRZ

ZUTATEN

4 EL Tomatenflocken • 4 EL gerebelter Oregano • 1 EL geschnittene Petersilie • 1 EL Paprikapulver (edelsüß) • 1 TL Knoblauchpulver • 1 TL zerstoßener schwarzer Pfeffer

ANLEITUNG

Die Zutaten in ein Weck- oder Schraubglas (1 l Inhalt) geben und durch kreisförmige Bewegungen des Glases mischen. Zur Aufbewahrung in ein luftdicht verschließbares Gefäß oder einen Plastikbeutel füllen.

RIGATONI MIT TOMATENSAUCE

ZUTATEN
(FÜR 4 PORTIONEN)

1 Zwiebel • 2 EL Olivenöl • 600 g stückige Tomaten (Dose) • 2 EL Gewürzmischung Ein Hauch Neapel • Salz • 1 TL Zucker • 350 g Rigatoni • 4 EL frisch geriebener Parmesan

ANLEITUNG

1 Die Zwiebel fein hacken. Das Öl in einer tiefen Pfanne erhitzen und die Zwiebel darin glasig dünsten. Die Tomaten zufügen und 10 Minuten köcheln lassen. Mit der Gewürzmischung, Salz und Zucker würzen.

2 In der Zwischenzeit die Rigatoni nach Packungsanleitung bissfest kochen, abgießen und sofort mit der Tomatensauce mischen. Auf Teller verteilen und mit Parmesan bestreuen.

TEMPEL VON BANGKOK

WOK-GEWÜRZ

ZUTATEN

5 EL Kokosflocken • 5 EL geröstete Sesamsamen • 2 EL gemahlener Ingwer • 3 EL geschnittenes Zitronengras • ½ TL Knoblauchpulver • ½ TL gemahlene Koriandersamen • 1 TL zerstoßener schwarzer Pfeffer • 1 TL zerstoßene Fenchelsamen • 2 Stück Sternanis • ¼ TL gemahlener Kardamom • ¼ TL gemahlene Gewürznelke

ANLEITUNG

Die Zutaten in ein Weck- oder Schraubglas (1 l Inhalt) geben und durch kreisförmige Bewegungen des Glases mischen. Zur Aufbewahrung in ein luftdicht verschließbares Gefäß oder einen Plastikbeutel füllen.

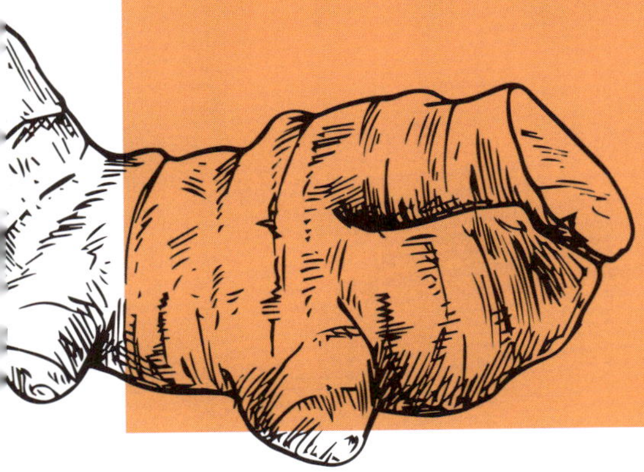

BUNTES WOK-GERICHT MIT RINDFLEISCH

ZUTATEN
(FÜR 4 PORTIONEN)

400 g Rinderfilet • 600 g buntes Wokgemüse (TK) • 1 Zwiebel • 2 Knoblauchzehen • 1 TL Speisestärke • 50 ml Medium-Sherry • 4 EL Sojasauce • 4 EL Rapsöl • 3 EL Gewürzmischung Tempel von Bangkok • Salz

ANLEITUNG

1 Das Rinderfilet in feine Streifen schneiden, ggf. vorher kurz ins Tiefkühlfach legen. Das Gemüse an- oder auftauen lassen. Zwiebel und Knoblauch fein hacken. Die Speisestärke mit Sherry, 2 EL Sojasauce und 2 EL Wasser in einer Schüssel glattrühren.

2 Das Fleisch in zwei Portionen in jeweils 1 EL Öl im Wok anbraten. Mit 1 EL Sojasauce ablöschen, herausnehmen und den Wok säubern.

3 Das restliche Öl im Wok erhitzen. Zwiebel, Knoblauch, Gemüse darin anschwitzen, Gewürzmischung und etwas Salz zugeben. Mit 100 ml Wasser ablöschen und abgedeckt 4 Minuten garen. Die Speisestärke-Mischung und das Fleisch zugeben und köcheln, bis die Sauce bindet. Mit Salz und der Gewürzmischung abschmecken.

BONJOUR MARSEILLE

FÜR KLASSIKER

ZUTATEN

4 Lorbeerblätter • 6 EL gerebelter Thymian • 4 EL geschnittene Petersilie • 1 EL gerebelter Oregano • 1 EL geschnittener Rosmarin • 1 TL gerebelter Salbei • 1 TL zerstoßener schwarzer Pfeffer • 1 TL zerstoßener weißer Pfeffer • 1 TL Lavendelblüten

ANLEITUNG

Die Lorbeerblätter mit einer Schere in Streifen schneiden; alternativ mörsern und dann brechen. Die Lorbeerblätter mit den anderen Zutaten in ein Weck- oder Schraubglas (1 l Inhalt) geben und durch kreisförmige Bewegungen des Glases mischen. Zur Aufbewahrung in ein luftdicht verschließbares Gefäß oder einen Plastikbeutel füllen.

PROVENÇALISCHES KANINCHEN

ZUTATEN
(FÜR 4 PORTIONEN)

1 küchenfertiges Kaninchen • Salz • 2 EL Gewürzmischung Bonjour Marseille • 4 EL Olivenöl • 2 EL Butter • 2 rote Zwiebeln • 2 Bio-Zitronen • 1/8 l trockener Weißwein • 100 ml Sahne

ANLEITUNG

1 Den Backofen auf 180 °C vorheizen. Das Kaninchen in 6–8 Stücke zerteilen. Die Teile waschen, trocken tupfen, mit Salz und der Gewürzmischung würzen. Olivenöl und Butter in einem großen Schmortopf erhitzen, die Kaninchenteile darin bei mittlerer Hitze anbraten. Abgedeckt im Backofen im eigenen Saft etwa 30 Minuten schmoren lassen, dabei gelegentlich mit dem Bratensaft übergießen.

2 Die Zwiebeln in feine Streifen schneiden. Eine Zitrone auspressen, die andere halbieren. Zwiebeln, Zitronensaft, Wein und Sahne in den Topf geben, die Zitronenhälften mit der Schnittfläche nach oben zugeben. 20–30 Minuten offen schmoren.

RISOTTO-PARFUM

FÜR RISOTTO UND GEMÜSEGERICHTE

ZUTATEN

6 EL gemahlene Steinpilze • 4 EL gemahlene Mandeln • 1 ½ TL zerstoßener schwarzer Pfeffer • ½ TL zerstoßener weißer Pfeffer • 1/8 TL gemahlene Muskatnuss • 0,1 g Safranfäden

ANLEITUNG

Die Zutaten in ein Weck- oder Schraubglas (1 l Inhalt) geben und durch kreisförmige Bewegungen des Glases mischen. Zur Aufbewahrung in ein luftdicht verschließbares Gefäß oder einen Plastikbeutel füllen.

TIPP

Getrocknete Pilze entfalten ihr Aroma erst, wenn sie 15 Minuten mitgekocht werden.

PILZRISOTTO

ZUTATEN
(FÜR 4 PERSONEN)

1 Zwiebel • 2 Knoblauchzehen • 2 EL Olivenöl • 250 g Risottoreis • 200 ml trockener Weißwein • 600 ml Gemüsebrühe (Instant) • 500 g gemischte Pilze (z. B. Pfifferlinge, Champignons, Austernpilze) • 50 g magere Schinkenwürfel • 2 EL Gewürzmischung Risottoparfum • 4 EL frisch geriebener Parmesan • 2 EL frisch gehackte Petersilie

ANLEITUNG

1 Zwiebel und Knoblauch fein würfeln und in einem Topf in 1 EL Öl glasig dünsten. Den Reis zugeben und kurz mitdünsten. Wein und Brühe angießen, aufkochen und bei schwacher Hitze unter gelegentlichem Rühren 20–30 Minuten köcheln.

2 Die Pilze putzen und ggf. klein schneiden. 1 EL Öl in einer großen beschichteten Pfanne erhitzen und die Schinkenwürfel darin anbraten. Die Pilze ca. 5 Minuten bei mittlerer Hitze mitbraten. Mit Salz und Pfeffer würzen. Die Pilzmischung mit der Gewürzmischung unter das Risotto heben. Mit Parmesan und Petersilie anrichten.

MIDSOMMAR-MISCHUNG

FÜR FISCH UND SCHWEINEFLEISCH

ZUTATEN

5 EL gerebelter Dill • 1 EL gerebeltes Bohnenkraut • 1 TL zerstoßener rosa Pfeffer • ½ TL zerstoßener schwarzer Pfeffer • ¼ TL zerstoßene Wacholderbeeren • 4 ½ EL Senfmehl

ANLEITUNG

Die Zutaten in ein Weck- oder Schraubglas (1 l Inhalt) geben und durch kreisförmige Bewegungen des Glases mischen. Zur Aufbewahrung in ein luftdicht verschließbares Gefäß oder einen Plastikbeutel füllen.

SCHWEINEBRATEN MIT SENFKRUSTE

ZUTATEN
(FÜR 4–6 PERSONEN)

2 EL Rapsöl • 2 EL Butterschmalz • 1 kg Schweinelachsbraten • Salz • 4 EL Gewürzmischung Midsommar-Mischung • 4 EL Paniermehl • 1 Ei

ANLEITUNG

1 Öl und Butterschmalz in einer Pfanne erhitzen und das Fleisch darin rundherum kräftig anbraten. Den Schweinebraten herausnehmen, rundherum gut salzen und in die Fettpfanne legen.

2 Den Backofen auf 180 °C vorheizen. Die Gewürzmischung in einer kleinen Schüssel mit 4 EL Wasser verrühren, das Paniermehl und das Ei untermengen. Den Braten mit der Masse bestreichen und 60 Minuten im Ofen garen. Die Backofentemperatur auf 250 °C erhöhen und den Braten 10 Minuten bräunen lassen. Den Braten herausnehmen, 10 Minuten ruhen lassen und aufschneiden.

GRÜNER DAUMEN

SALATMISCHUNG

ZUTATEN

4 EL geschnittener Schnittlauch • 4 EL geschnittene Petersilie • 2 EL gerebeltes Basilikum • 1 TL Paprikapulver (edelsüß) • ½ TL gemahlener weißer Pfeffer

ANLEITUNG

Die Zutaten in ein Weck- oder Schraubglas (1 l Inhalt) geben und durch kreisförmige Bewegungen des Glases mischen. Zur Aufbewahrung in ein luftdicht verschließbares Gefäß oder einen Plastikbeutel füllen.

MARKTSALAT

ZUTATEN
(FÜR 2–4 PERSONEN)

2 Romana-Salatherzen • 1 gelbe Paprikaschote • 4 Tomaten • 1 Bund Lauchzwiebeln • 2 Stangen Bleichsellerie • 4 EL Rapsöl • 4 EL Weißweinessig • 1 TL Zucker • 1 EL Gewürzmischung Grüner Daumen • Salz

ANLEITUNG

1 Die Salatherzen verlesen und in mundgerechte Stücke schneiden. Die Paprika in mundgerechte Stücke schneiden. Die Tomaten achteln. Die weißen Teile der Lauchzwiebeln abschneiden und die Knollen vierteln, das Grün anders verwenden. Die Selleriestangen in kleine Stücke schneiden. Alles in einer Salatschüssel vermengen.

2 Für das Dressing Rapsöl, Essig, 4 EL Wasser, Zucker, die Gewürzmischung und Salz in einer Schüssel vermischen. Das Dressing erst kurz vor dem Servieren mit dem Salat vermengen.

SALZIG

SOMMER IN APULIEN

BROTZEITSALZ

ZUTATEN

5 Lorbeerblätter • 1 EL gerebelter Oregano • 1 EL gerebelter Thymian • 1 TL geschnittener Rosmarin • 1 EL gerebeltes Basilikum • 1 TL zerstoßener weißer Pfeffer • 500 g Speisesalz

ANLEITUNG

Die Lorbeerblätter mit einer Schere in Streifen schneiden; alternativ mörsern und dann brechen. Die Lorbeerblätter mit den anderen Zutaten in ein Weck- oder Schraubglas (1 l Inhalt) geben und durch kreisförmige Bewegungen des Glases mischen. Zur Aufbewahrung in ein luftdicht verschließbares Gefäß oder einen Plastikbeutel füllen.

KRÄUTERBUTTER

ZUTATEN
(FÜR 10 PORTIONEN)

250 g Butter • 1 EL Kräutersalz Sommer in Apulien

ANLEITUNG

1 Die Butter auf Zimmertemperatur erwärmen. Das Kräutersalz in einer Schüssel mit einer Gabel gründlich mit der Butter vermengen. Die Kräuterbutter 10 Minuten in den Kühlschrank stellen.

2 Die Kräuterbutter herausnehmen, portionieren und zu Rollen formen. Die Rollen in Pergamentpapier, Butterbrotpapier oder Backpapier einwickeln und im Kühlschrank hart werden lassen.

MEDEA-SALZ

FÜR DIE GRIECHISCHE KÜCHE

ZUTATEN

2 EL Knoblauchpulver • 1 EL zerstoßener schwarzer Pfeffer • 4 EL gekibbelte Zwiebeln • 2 EL gerebelter Dill • 1 TL Zucker • 300 g grobkörniges griechisches Meersalz

ANLEITUNG

Gewürze, Zucker und Salz in ein Weck- oder Schraubglas (1 l Inhalt) geben und durch kreisförmige Bewegungen des Glases mischen. Zur Aufbewahrung in ein luftdicht verschließbares Gefäß oder einen Plastikbeutel füllen.

ZAZIKI

ZUTATEN
(4–6 PORTIONEN)

½ Salatgurke • 2 Knoblauchzehen • 500 g griechischer Joghurt • 2 EL Olivenöl • 1 TL Salzmischung Medea-Salz • 1 Stängel Minze

ANLEITUNG

1 Die Salatgurke grob raspeln oder fein würfeln und in einem Sieb abtropfen lassen. Die Knoblauchzehen fein hacken.

2 Den griechischen Joghurt mit Olivenöl und der Salzmischung in einer Schüssel cremig verrühren. Salatgurke und Knoblauch unterrühren. Mindestens 30 Minuten im Kühlschrank ziehen lassen. Zum Servieren mit Minze dekorieren.

Juwel aus Jaipur

FÜR INDISCHE GERICHTE

ZUTATEN

2 EL gemahlene Kurkuma • 1 EL Zimt • ½ TL Cayennepfeffer • ¾ TL gemahlene Koriandersamen • ¼ TL gemahlener Ingwer • 350 g grobes Kalahari-Wüstensalz

ANLEITUNG

Gewürze und Salz in ein Weck- oder Schraubglas (1 l Inhalt) geben und durch kreisförmige Bewegungen des Glases mischen. Zur Aufbewahrung in ein luftdicht verschließbares Gefäß oder einen Plastikbeutel füllen.

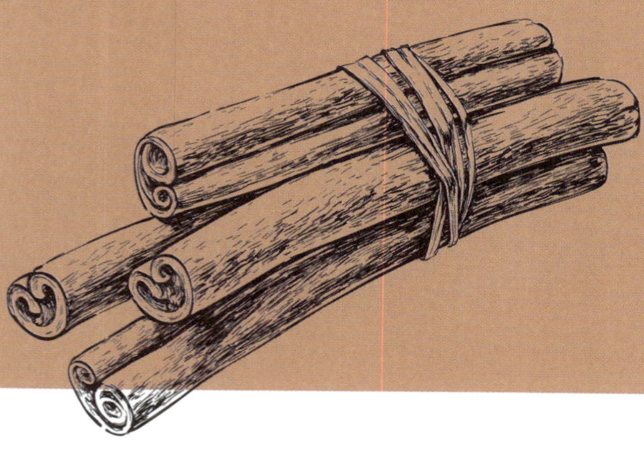

WÜRZIGE GARNELENSPIESSE

ZUTATEN
(FÜR 4 PORTIONEN)

500 g küchenfertige Riesengarnelen • 2 EL Salzmischung Juwel aus Jaipur • 1 Zitrone • 1 Knoblauchknolle

ANLEITUNG

1 Die Garnelen waschen und abtropfen lassen. Jeweils drei Garnelen auf einen Spieß schieben. Mit der Salzmischung Juwel aus Jaipur bestreuen und etwa 15 Minuten marinieren lassen. Die Zitrone in Scheiben schneiden. Die Knoblauchknolle quer aufschneiden.

2 Eine Grillpfanne erhitzen, die Spieße darin von beiden Seiten 1–2 Minuten scharf anbraten, Zitronenscheiben und Knoblauchknollenhälften mitbraten.

BLÜTEN DES ORIENTS

PERSISCHE SALZMISCHUNG

ZUTATEN

½ Vanilleschote • 300 g persisches Blausalz, alternativ grobes Meersalz • 2 TL zerkleinerte Hibiskusblüten • 1 kleine Handvoll Hibiskusblüten • ½ TL zerstoßener weißer Pfeffer

ANLEITUNG

Die Vanilleschote längs aufschneiden und das Mark mit einem Messer herausschaben. Das Vanillemark in einer Schüssel gründlich mit dem Salz vermengen. Die Salzmischung mit Hibiskusblüten und Pfeffer in ein Weck- oder Schraubglas (1 l Inhalt) geben und durch kreisförmige Bewegungen des Glases mischen. Zur Aufbewahrung in ein luftdicht verschließbares Gefäß oder einen Plastikbeutel füllen.

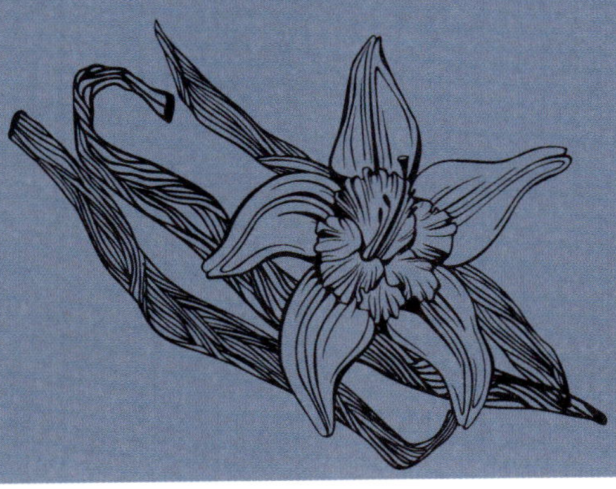

AJURVEDA-BOWL

ZUTATEN
(FÜR 4 PORTIONEN)

4 Hähnchenbrustfilets (à 150 g) • 8 EL Olivenöl plus etwas zum Einpinseln • 2 TL Salzmischung Blüten des Orients • 2 Handvoll Babyspinat • 1 Avocado • 300 g gekochter Rosenkohl • 250 g gekochter Brokkoli • 240 g rote Bohnen (Dose) • 200 g gekochte Quinoa • 4 EL Zitronensaft • 1 EL Sesamsamen

ANLEITUNG

1 Die Hähnchenbrustfilets waschen, trocken tupfen, mit Olivenöl einpinseln und mit der Salzmischung einreiben. Auf dem Grill oder im vorgeheizten Backofen auf der oberen Schiene bei 200 °C ca. 20 Minuten garen, dabei einmal wenden. Herausnehmen und ruhen lassen.

2 Den Babyspinat verlesen. Die Avocado in Streifen schneiden. Die Rosenkohlköpfchen halbieren. Den Brokkoli in Röschen zerteilen. Die Bohnen in einem Sieb gut abspülen und abtropfen lassen.

3 Die Hähnchenbrust aufschneiden und mit dem Gemüse und Quinoa auf Schüsseln verteilen. Mit Olivenöl und Zitronensaft beträufeln und mit Sesam bestreuen.

BENGALISCHE NACHT

PANCH-PHORON-SALZMISCHUNG

ZUTATEN

1 TL zerstoßener Sternanis • 2 TL Szechuanpfeffer • ½ TL gemahlener Zimt • ½ TL zerstoßene Fenchelsamen • ½ TL gemahlene Gewürznelke • 300 g grobkörniges Himalaja-Salz

ANLEITUNG

Gewürze und Salz in ein Weck- oder Schraubglas (1 l Inhalt) geben und durch kreisförmige Bewegungen des Glases mischen. Zur Aufbewahrung in ein luftdicht verschließbares Gefäß oder einen Plastikbeutel füllen.

GEBRATENE GLASNUDELN MIT HÄHNCHEN

ZUTATEN
(FÜR 4 PORTIONEN)

250 g Glasnudeln • 400 g Hähnchenbrustfilets • 1 EL Salzmischung Bengalische Nacht • 6 EL Sojaöl • 2 orangefarbene Paprika • 3 Frühlingszwiebeln • 1 TL weiße und schwarze Sesamsamen • ¼ Chilischote

ANLEITUNG

1 Die Glasnudeln nach Packungsanleitung kochen und abgießen. Die Hähnchenbrust in Streifen schneiden, in einer Schüssel mit der Salzmischung vermengen und im Wok in 1 EL Sojaöl scharf anbraten. Herausnehmen und beiseite stellen.

2 Die Paprika in feine Streifen schneiden. Die Frühlingszwiebeln in feine Ringe schneiden. Paprika und die Frühlingszwiebeln bis auf 1 EL in 2 EL Sojaöl im Wok anschwitzen. Die Glasnudeln, das restliche Sojaöl und die Hähnchenbruststreifen zugeben und mit der Salzmischung würzen. Auf Schalen verteilen. Mit Sesamsamen bestreuen. Die Chilischote in Streifen schneiden und mit den restlichen Frühlingszwiebeln darübergeben.

SONNE VON SANTORIN

MEERSALZ MEDITERRAN

ZUTATEN

1 EL gerebelter Oregano • 1 TL geschnittener Rosmarin • 1 EL gerebeltes Bohnenkraut • 1 TL gerebelter Majoran • 1 TL gerebelter Thymian • ½ TL gerebelter Salbei • 300 g grobes Meersalz

ANLEITUNG

Kräuter und Salz in ein Weck- oder Schraubglas (1 l Inhalt) geben und durch kreisförmige Bewegungen des Glases mischen. Zur Aufbewahrung in ein luftdicht verschließbares Gefäß oder einen Plastikbeutel füllen.

GEGRILLTE DORADE

ZUTATEN
(FÜR 4 PORTIONEN)

4 küchenfertige Doraden • 2 Bio-Zitronen • 4 EL Gewürzsalz Sonne von Santorin • frische Rosmarinzweige • roter Pfeffer

ANLEITUNG

1 Die Doraden gründlich waschen und trocken tupfen. Die Zitronen waschen und in dünne Scheiben schneiden.

2 In den Bauchraum der Fische jeweils 1 EL Gewürzsalz geben. Die Haut mehrmals leicht schräg einschneiden. Anschließend jeweils einen ganzen Fisch in einen Fischgrill spannen und ca. 15 Minuten grillen, dabei mehrmals wenden.

3 Die Doraden mit frischen Rosmarinzweigen, rotem Pfeffer und den restlichen Zitronenscheiben anrichten.

AN DER WATERKANT

FÜR DIE FISCHKÜCHE

ZUTATEN

4 Lorbeerblätter • 1 TL zerkleinerte Zitronenschale • 2 EL gekibbelte Zwiebeln • ¼ TL Knoblauchpulver • 1 TL zerstoßener weißer Pfeffer • 5 EL geschnittener Dill • 1 EL zerstoßene Senfkörner • 250 g grobkörniges Meersalz

ANLEITUNG

Die Lorbeerblätter mit einer Schere in Streifen schneiden; alternativ mörsern und dann brechen. Die Lorbeerblätter mit den anderen Zutaten in ein Weck- oder Schraubglas (1 l Inhalt) geben und durch kreisförmige Bewegungen des Glases mischen. Zur Aufbewahrung in ein luftdicht verschließbares Gefäß oder einen Plastikbeutel füllen.

CLAM CHOWDER
AMERIKANISCHE MUSCHELSUPPE

ZUTATEN
(FÜR 4 PORTIONEN)

1 Zwiebel • 250 g mehlig kochende Kartoffeln • 100 g Staudensellerie • 1 EL Butter • 75 g Frühstücksspeckwürfel • 30 g Mehl • 600 ml Fisch- oder Hühnerfond (Glas) • 500 g frische Miesmuscheln • 125 ml Milch • 125 g Sahne • 1 TL Salzmischung An der Waterkant • 4 kleine runde Weißbrote • 1 EL frisch gehackte Petersilie

ANLEITUNG

1 Zwiebel fein hacken. Kartoffeln schälen und würfeln. Sellerie in dünne Streifen schneiden.

2 Die Butter in einem Topf zerlassen. Speck und Zwiebel darin anschwitzen. Mehl zugeben und unter Rühren kurz rösten. Den Fond angießen, Kartoffelwürfel und Sellerie zugeben und die Suppe ca. 18 Minuten köcheln lassen.

3 Die Muscheln abbürsten, bereits geöffnete wegwerfen. Die Muscheln in die Suppe geben und 3 Minuten mitkochen. Sahne, Milch und Salzmischung einrühren. Von den Weißbroten eine Kappe abschneiden. Das Brot aushöhlen und die Muschelsuppe einfüllen. Mit Petersilie bestreuen.

DUFT DER MORGENRÖTE

INGWER-ORANGEN-CHILI-SALZ

ZUTATEN

1 EL gemahlener Ingwer • 1 TL zerkleinerte Orangenschale • 1 TL Chiliflocken • 100 g Flor de Sal

ANLEITUNG

Gewürze und Salz in ein Weck- oder Schraubglas (1 l Inhalt) geben und durch kreisförmige Bewegungen des Glases mischen. Zur Aufbewahrung in ein luftdicht verschließbares Gefäß oder einen Plastikbeutel füllen.

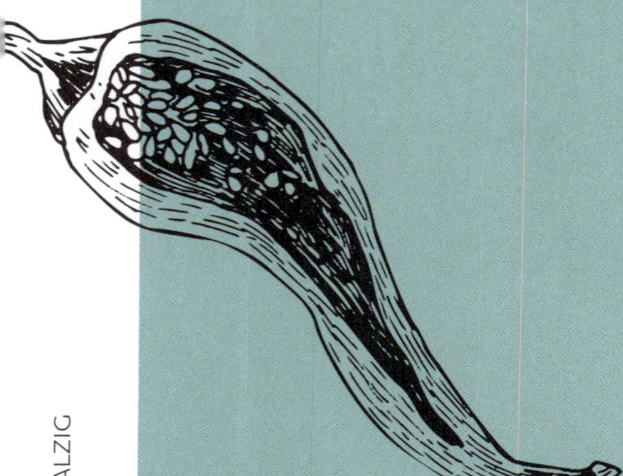

SÜSSKARTOFFELSALAT MIT FETA

ZUTATEN (FÜR 4 PORTIONEN)

700 g Süßkartoffeln • 2 Romana-Salatherzen • 200 g Feta • 8 EL Olivenöl • 1 EL Salzmischung Duft der Morgenröte • Saft von 1 Orange

ANLEITUNG

1 Die Kartoffeln schälen und in Salzwasser ca. 25 Minuten weich kochen. Abgießen, etwas abkühlen lassen und in mundgerechte Stücke schneiden. Den Salat verlesen und in mundgerechte Stücke schneiden. Den Feta mit einer Gabel zerkrümeln.

2 4 EL Olivenöl in einer beschichteten Pfanne erhitzen. Die Kartoffelstücke darin kross anbraten und mit der Salzmischung würzen.

3 Das restliche Olivenöl mit Orangensaft vermischen. Kartoffeln, Salat und Feta auf 4 Schälchen verteilen und mit dem Dressing beträufeln.

SCHARF

FEUER DER KARIBIK

BRATHÄHNCHEN-WÜRZMISCHUNG

ZUTATEN

1 EL Pimentkörner • 1 EL Fenchelsamen • 1 EL geschnittenes Zitronengras • 3 EL Kokosraspel • 1 EL Birdeye-Chilis (ganz) • 2 EL Paprikapulver (edelsüß) • 1 EL Kreuzkümmel • 4–6 getrocknete Malvenblüten

ANLEITUNG

Alle Gewürze bis auf die Malvenblüten in einer beschichteten Pfanne bei mittlerer Temperatur kurz rösten. Abkühlen lassen. Die Gewürze mit den Malvenblüten im Mixer fein mahlen. In ein luftdicht verschließbares Gefäß oder einen Plastikbeutel füllen.

BRATHÄHNCHEN

ZUTATEN
(FÜR 2–4 PORTIONEN)

1 küchenfertiges Hähnchen (ca. 1,5 kg) • 1 TL Salz • 2 EL Gewürzmischung Feuer der Karibik • 2 EL Butterschmalz

ANLEITUNG

1 Das Hähnchen kalt abspülen und trocken tupfen. Innen und außen mit Salz und der Gewürzmischung Hot in Paradise einreiben. Den Backofen auf 220 °C Ober- und Unterhitze vorheizen.

2 Das Butterschmalz in einem kleinen Topf zerlassen. Das Hähnchen rundherum damit einstreichen und mit der Brustseite nach unten in einen Bräter legen. Auf der unteren Schiene etwa 60 Minuten braten, dabei nach 20 Minuten wenden und während der letzten 30 Minuten regelmäßig mit dem Bratensaft übergießen oder bepinseln. Für die Garprobe mit einem Holzspieß in den Schenkel stechen; wenn klarer Fleischsaft austritt, ist das Hähnchen fertig.

TANZ MIT DEM TEUFEL

SPARERIBS-RUB

ZUTATEN

5 EL brauner Zucker • 3 EL Paprikapulver (edelsüß) • 1 EL Salz • 1 EL zerstoßener schwarzer Pfeffer • 1 EL Chilipulver • 1 EL gekibbelte Zwiebeln • 1 TL Knoblauchpulver

ANLEITUNG

Alle Zutaten in ein Weck- oder Schraubglas (1 l Inhalt) geben und durch kreisförmige Bewegungen des Glases mischen. Zur Aufbewahrung in ein luftdicht verschließbares Gefäß oder einen Plastikbeutel füllen.

FEURIGE SPARERIBS

ZUTATEN
(FÜR 4 PORTIONEN)

1,5 kg Spareribs • 100 ml Apfelessig • 150 g Tomatenketchup • 100 ml Worcestersauce • 3 EL Gewürzmischung Tanz mit dem Teufel

ANLEITUNG

1 Die Spareribs zwischen den Rippenknochen in Stücke mit jeweils 5–6 Rippen schneiden. In einem großen weiten Topf 2–3 l Wasser aufkochen und die Spareribs darin 1 ½ Stunden bei schwacher Hitze köcheln; das Fleisch sollte vollständig mit Wasser bedeckt sein.

2 In der Zwischenzeit Essig, Ketchup und Worcestersauce mit der Gewürzmischung in einem Topf vermengen, aufkochen und 15 Minuten bei reduzierter Hitze dicklich einkochen. Mit der Gewürzmischung abschmecken.

3 Den Backofen auf 180 °C Ober- und Unterhitze vorheizen. Das Fleisch auf ein mit Backpapier ausgelegte Backblech legen und mit der Hälfte der Spareribs-Sauce einpinseln. Im heißen Ofen ca. 20 Minuten braten, mit der restlichen Sauce bestreichen und weitere 20 Minuten braten.

NEW ORLEANS FEVER

CAJUN-GEWÜRZ

ZUTATEN

1 EL zerstoßener schwarzer Pfeffer • 1 EL zerstoßener weißer Pfeffer • 1 EL gemahlene Chilischoten (Cayenne, Ancho, Birdeye) • 1 TL gerebelter Oregano • ½ TL gerebelter Thymian • 1 EL gekibbelte Zwiebeln • 1 TL Knoblauchpulver • ¼ TL Cayennepfeffer • 1 EL Paprikapulver (edelsüß)

ANLEITUNG

Die Gewürze und Kräuter in ein Weck- oder Schraubglas (1 l Inhalt) geben und durch kreisförmige Bewegungen des Glases mischen. Zur Aufbewahrung in ein luftdicht verschließbares Gefäß oder einen Plastikbeutel füllen.

JAMBALAYA

ZUTATEN
(FÜR 4–6 PORTIONEN)

200 g Hähnchenbrustfilet • 400 g Knoblauchwurst (z. B. Chorizo) • 2 Knoblauchzehen • 1 Gemüsezwiebel • 1 grüne Paprikaschote • 2 Stangen Bleichsellerie • 5 EL Olivenöl • 3 TL Gewürzmischung New Orleans Fever • 1 TL Salz • 400 g stückige Tomaten (Dose) • 300 g Parboiled Reis • 800 ml Gemüsebrühe • 500 g küchenfertige Tiefseegarnelen

ANLEITUNG

1 Das Hähnchenbrustfilet kalt abbrausen, trocken tupfen und in 2 cm große Würfel schneiden. Die Wurst würfeln. Die Knoblauchzehen fein hacken, Zwiebel und Paprika würfeln, den Sellerie in Streifen schneiden.

2 Hähnchenwürfel und Wurst nacheinander in einem Topf mit Öl anbraten, herausnehmen und beiseite stellen. Knoblauch, Zwiebel, Sellerie und Paprika in dem Topf andünsten und die Gewürzmischung zufügen. Tomaten mit Saft, Wurst und Hähnchenwürfel zugeben und unter Rühren 10 Minuten köcheln lassen.

3 Reis und Brühe zugeben und 10 Minuten abgedeckt köcheln lassen. Garnelen zufügen und weitere 10 Minuten zugedeckt köcheln, bis der Reis weich ist.

KUSS AUS KONSTANTINOPEL

KÖFTE-GEWÜRZ

ZUTATEN

3 EL Paprikapulver (edelsüß) • 1 EL gemahlener Kreuzkümmel • ½ TL gemahlener Zimt • ½ TL gemahlene Koriandersamen • ¼ TL Cayennepfeffer

ANLEITUNG

Die Gewürze in ein Weck- oder Schraubglas (1 l Inhalt) geben und durch kreisförmige Bewegungen des Glases mischen. Zur Aufbewahrung in ein luftdicht verschließbares Gefäß oder einen Plastikbeutel füllen.

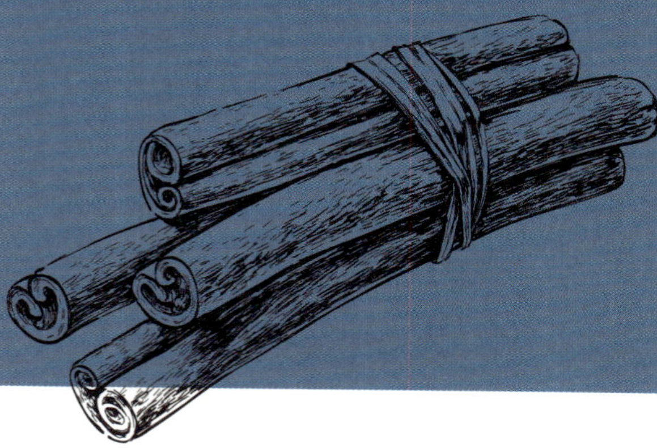

KEBAB

ZUTATEN
(FÜR 4–6 PORTIONEN)

3 EL gehackte Mandeln • 50 g getrocknete Aprikosen • 800 g Lammhackfleisch • 3 EL Gewürzmischung Kuss aus Konstantinopel • 1 TL Salz • 3 TL Olivenöl • 4 Schaschlikspieße

ANLEITUNG

1 Die Mandeln in einer beschichteten Pfanne ohne Fett goldbraun rösten. Die Aprikosen fein würfeln. Das Hackfleisch in einer Schüssel mit Mandeln, Aprikosen, der Gewürzmischung und Salz verkneten.

2 Die Hackmasse in 12 gleich große Portionen teilen und mit angefeuchteten Händen jeweils zu einer Wurst formen. Die Zwiebel in mundgerechte Stücke schneiden und im Wechsel mit dem Fleisch auf die Spieße stecken. Das Fleisch rundherum dünn mit Öl einpinseln. Auf dem heißen Grill in einer Grillschale 12–15 Minuten rundum hellbraun grillen.

IM RAUSCH DES ORIENTS

AUS DER ARABISCHEN KÜCHE

ZUTATEN

4 EL Paprikapulver (edelsüß) • 1 EL gerebelter Oregano • 1 EL gemahlener Kreuzkümmel • 1 TL Knoblauchpulver • ¼ TL Cayennepfeffer • 1 TL Chiliflocken • 1 EL Sumach

ANLEITUNG

Die Gewürze in ein Weck- oder Schraubglas (1 l Inhalt) geben und durch kreisförmige Bewegungen des Glases mischen. Zur Aufbewahrung in ein luftdicht verschließbares Gefäß oder einen Plastikbeutel füllen.

KICHERERBSENEINTOPF

ZUTATEN
(FÜR 4 PORTIONEN)

2 Knoblauchzehen • 1 Zwiebel • 500 g Kichererbsen (Dose) • 2 EL Olivenöl • 2 EL Gewürzmischung Im Rausch des Orients • 400 g stückige Tomaten (Dose) • 200 ml Gemüsebrühe • 200 g Champignons • 2 EL Butter • 150 g Babyspinat • 1 TL Salz

ANLEITUNG

1 Knoblauchzehen und Zwiebel fein würfeln. Die Kichererbsen über einem Sieb abbrausen und abtropfen lassen.

2 Zwiebel und den Knoblauch in einem Topf mit Öl kurz anschwitzen. Die Gewürzmischung zugeben und kurz rösten. Kichererbsen und Tomaten zugeben, die Brühe angießen und bei mittlerer Hitze ca. 10 Minuten köcheln lassen.

3 Die Pilze putzen, halbieren und in einer Pfanne mit zerlassener Butter goldbraun anschwitzen. Den Spinat mit den Pilzen zum Eintopf geben. Mit Salz würzen und mit der Gewürzmischung abschmecken.

SULTANS SÜNDE

VEGGIE-GEWÜRZ

ZUTATEN

5 EL Tomatenflocken • 4 EL gerebelter Basilikum • 1 EL Knoblauchpulver • 1 EL Amchurpulver (Mangopulver) • ½ TL Chilipulver

ANLEITUNG

Die Zutaten in ein Weck- oder Schraubglas (1 l Inhalt) geben und durch kreisförmige Bewegungen des Glases mischen. Zur Aufbewahrung in ein luftdicht verschließbares Gefäß oder einen Plastikbeutel füllen.

INDISCHER BLUMENKOHL MIT KARTOFFELN

ZUTATEN
(FÜR 4 PORTIONEN)

1 Blumenkohl • 3 Kartoffeln • 2 EL Butterschmalz • 1 TL Salz • 3 EL Gewürzmischung Sultans Sünde • 1 Chilischote • 6 Stängel frischer Koriander

ANLEITUNG

1 Den Blumenkohl putzen und in Röschen zerteilen. Die Kartoffeln schälen und in Würfel schneiden.

2 Butterschmalz in einem Topf bei mittlerer Temperatur erhitzen. Die Kartoffelwürfel zufügen, mit Salz würzen und ca. 5 Minuten braten, bis sie Farbe annehmen. Die Gewürzmischung, den Blumenkohl und 250 ml Wasser zufügen. Alles gut vermengen und ca. 15 Minuten zugedeckt bei niedriger Hitze köcheln lassen, bis die Kartoffeln und der Blumenkohl weich sind. Offen die Flüssigkeit verdampfen lassen.

3 Die Chilischote fein hacken, die Korianderblätter abzupfen und fein hacken. Chili und Koriander zum Schluss unterheben.

FEURIGER GARTEN

OFENGEMÜSE-WÜRZMISCHUNG

ZUTATEN

3 EL Tomatenflocken • 1 EL Paprikapulver (edelsüß) • 1 EL zerstoßener Zitronenpfeffer (Gewürzmischung) • 2 EL gekibbelte Zwiebeln • 1 EL gerebeltes Basilikum • 1 EL Schwarzkümmelsamen • 1 EL geschnittener Rosmarin • 1 TL Knoblauchpulver • ¼ TL Chilipulver

ANLEITUNG

Alle Zutaten in ein Weck- oder Schraubglas (1 l Inhalt) geben und durch kreisförmige Bewegungen des Glases mischen. Zur Aufbewahrung in ein luftdicht verschließbares Gefäß oder einen Plastikbeutel füllen.

SCHARFE OFENWURZELN

ZUTATEN
(FÜR 4 PORTIONEN)

600 g Möhren • 300 g Rote Beten • 4 Knoblauchzehen • 1 EL Zitronensaft • 2 EL Rapsöl • 2 EL Gewürzmischung Feuriger Garten • ½ TL Salz • 5 große Blätter frischer Salbei

ANLEITUNG

1 Die Möhren und die Rote Beten schälen. Die Möhren längs vierteln. Rote Beten je nach Größe halbieren und in 1 cm dicke Scheiben schneiden. Die Knoblauchzehen halbieren. Möhren, Rote Beten, Knoblauch, Zitronensaft, Öl, Salz und Würzmischung in einen Gefrierbeutel geben und mischen.

2 Den Backofen auf 220 °C Ober- und Unterhitze vorheizen. Das Gemüse in einer Auflaufform verteilen und auf mittlerer Schiene 35 Minuten garen. Den Salbei abbrausen, trocken tupfen und während der letzten 5 Minuten auf die Ofenwurzeln legen.

DAS LÄCHELN DES BUDDHA

FRUCHTIGE CURRYMISCHUNG

ZUTATEN

2 EL zerstoßene Fenchelsamen • 1 EL geschnittene Curryblätter • 1 EL Chiliflocken • 5 EL gemahlene Kurkuma • 1 EL Ananasflocken • 2 EL Bananenpulver • 3 TL gemahlener Ingwer • ½ TL zerkleinerte Zitronenschale • ½ TL Knoblauchpulver • 1 EL gemahlener Galgant • ¼ TL Zimt

ANLEITUNG

Fenchelsamen, Curryblätter und Chiliflocken in einer Pfanne unter Rühren erwärmen. Abkühlen lassen. Mit den anderen Zutaten in ein Weck- oder Schraubglas (1 l Inhalt) geben und durch kreisförmige Bewegungen des Glases mischen. Zur Aufbewahrung in ein luftdicht verschließbares Gefäß oder einen Plastikbeutel füllen.

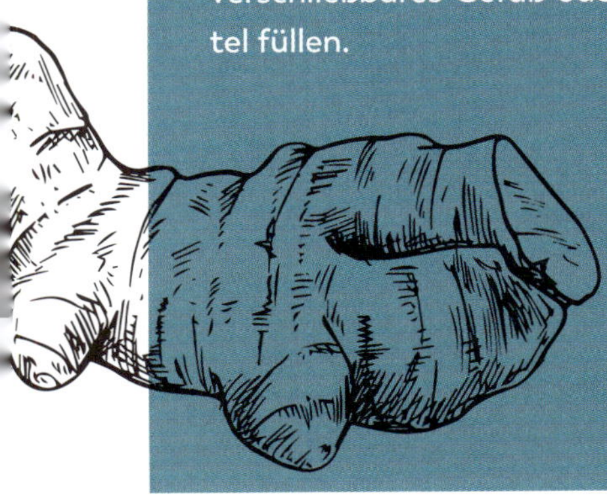

VEGANES THAI-CURRY

ZUTATEN
(FÜR 2 PORTIONEN)

200 g Tofu • 2 Frühlingszwiebeln • 1 kleine rote Paprikaschote • 1 Aubergine • 2 EL Rapsöl • 1 EL Curry Das Lächeln des Buddha • 200 ml Kokosmilch (ungesüßt) • 100 ml Gemüsebrühe • 1 EL Limettensaft • 1 Korianderblatt

ANLEITUNG

1 Den Tofu in Würfel schneiden. Die Frühlingszwiebeln putzen und in Ringe schneiden. Paprika und Aubergine in mundgerechte Stücke schneiden.

2 Das Rapsöl im Wok erhitzen und das Gemüse darin anschwitzen. Die Currymischung zugeben und rösten. Mit Kokosmilch und Gemüsebrühe ablöschen. Die Tofuwürfel zufügen und erwärmen. Den Limettensaft unterrühren und das Ganze mit der Currymischung abschmecken. Mit einem Korianderblatt dekorieren.

WUNDER VON ODISHA

SCHARFE CURRYMISCHUNG

ZUTATEN

3 EL gemahlene Kurkuma • 2 EL gemahlene Koriandersamen • 2 EL Amchurpulver • 1 EL Chiliflocken • 1 EL gemahlener Ingwer • 1 EL gemahlener Kardamom • 1 TL gemahlene Bockshornkleesamen • ½ TL gemahlener schwarzer Pfeffer • ½ TL gemahlene Zitronenschale • ¼ TL Muskat

ANLEITUNG

Alle Zutaten in ein Weck- oder Schraubglas (1 l Inhalt) geben und durch kreisförmige Bewegungen des Glases mischen. Zur Aufbewahrung in ein luftdicht verschließbares Gefäß oder einen Plastikbeutel füllen.

LAMM NACH INDISCHER ART

ZUTATEN
(FÜR 4–6 PORTIONEN)

1 kg Lammgulasch aus der Schulter • 2 Tomaten • 2 Gemüsezwiebeln • 3 Knoblauchzehen • 2 EL Ghee • 1 EL gehackte Cashewkerne • 2 EL Wunder von Odisha • 4 EL Naturjoghurt (3,5 % Fett) • 4 EL Sahne • Salz

ANLEITUNG

1 Das Fleisch kalt abbrausen, trocken tupfen und in 2 cm große Würfel schneiden. Die Tomaten würfeln. Die Zwiebeln und den Knoblauch fein würfeln.

2 Das Ghee in einem Bräter oder einer Pfanne erhitzen. Zwiebel und Knoblauch sowie gehackte Cashewkerne darin andünsten. Tomaten und Curry Taj Mahal zufügen und ca. 2 Minuten mitdünsten. Das Fleisch zugeben und bei reduzierter Hitze ca. 1 Stunde köcheln lassen; bei Bedarf etwas Wasser zufügen.

3 Joghurt und Sahne unterrühren und mit Salz und Curry-Gewürz abschmecken. Dazu passt Naan (indisches Fladenbrot).

TROPISCHE HITZE

GRÜNE CURRYMISCHUNG

ZUTATEN

3 EL Dillspitzen • 2 EL gemahlener Galgant • 2 EL Wasabipulver • 1 EL geschnittene Curryblätter • 1 EL gemahlene Koriandersamen • 1 EL gemahlene Bockshornkleesamen • 1 TL gemahlener schwarzer Pfeffer • ½ TL gemahlener Kreuzkümmel • ¼ TL gemahlener Macis, alternativ Muskatnuss

ANLEITUNG

Alle Zutaten in ein Weck- oder Schraubglas (1 l Inhalt) geben und durch kreisförmige Bewegungen des Glases mischen. Zur Aufbewahrung in ein luftdicht verschließbares Gefäß oder einen Plastikbeutel füllen.

LACHS IN GRÜNER CURRYSAUCE

ZUTATEN
(FÜR 2 PORTIONEN)

2 Lachsfilets (à 200 g) • 2 EL Sojaöl • 1 EL Curry Tropische Hitze • 400 ml Kokosmilch (Dose) • 4 EL Fisch- oder Sojasauce • 3 EL brauner Zucker • 2–3 Zweige Thaibasilikum zum Dekorieren • 1 Chilischote zum Dekorieren

ANLEITUNG

1 Die Lachsfilets unter fließendem Wasser abspülen und trocken tupfen. Das Öl in einem großen Bräter oder einer Pfanne erhitzen und das grüne Curry Tropische Hitze darin rösten. Mit der Kokosmilch ablöschen und mit Fischsauce und Zucker würzen. Die Sauce aufkochen, dann die Hitze deutlich reduzieren.

2 Die Lachsfilets in die Sauce legen und bei schwacher Hitze zugedeckt etwa 20 Minuten ziehen lassen. Nach der Hälfte der Garzeit die Filets wenden. Den Lachs mit Sauce in tiefen Tellern anrichten und mit Thaibasilikum und aufgeschnittenen Chilischoten dekorieren. Dazu passt Reis.

SÜSS

HÄNSELS VERSUCHUNG

LEBKUCHENGEWÜRZ

ZUTATEN

1 EL gemahlener Ingwer • 1 ½ EL Zimt • ½ TL zerkleinerte Orangenschale • ½ TL gemahlene Gewürznelke • ¼ TL gemahlener Piment • ¼ TL Zitronengraspulver • ¼ TL gemahlener Kardamom

ANLEITUNG

Alle Zutaten in ein Weck- oder Schraubglas (½ l Inhalt) geben und durch kreisförmige Bewegungen des Glases mischen. Zur Aufbewahrung in ein luftdicht verschließbares Gefäß oder einen Plastikbeutel füllen.

LEBKUCHENFIGUREN

ZUTATEN
(FÜR 20 GROSSE FIGUREN)

150 g Honig • 80 g brauner Zucker • 50 g Butter • 250 g Mehl plus etwas zum Ausrollen • 2 TL Backpulver • 1 Ei (Größe M) • 1 TL Kakao • 1 TL Zimt • 2 ½ TL Lebkuchengewürz Hänsels Versuchung • 1 Prise Salz • 200 g Puderzucker • Lebensmittelfarbe nach Wunsch • bunte Zuckerperlen und Dekorzucker zum Verzieren

ANLEITUNG

1 Honig, Zucker und Butter in einem Topf langsam erhitzen, bis sich der Zucker aufgelöst hat. Etwas abkühlen lassen. Mehl und Backpulver in einer Schüssel vermischen. Das Ei trennen. Eigelb, Kakao, Zimt, Lebkuchengewürz, Salz und die lauwarme Honigmasse zugeben und verkneten.

2 Den Backofen auf 180 °C Ober- und Unterhitze vorheizen. Den Teig auf der bemehlten Arbeitsfläche 0,5–1 cm dick ausrollen. Figuren ausstechen, auf ein mit Backpapier ausgelegtes Backblech legen und 14 Minuten backen. Auskühlen lassen.

3 Eiweiß mit Puderzucker steif schlagen. Den Guss ggf. mit Lebensmittelfarbe färben. Die Figuren damit verzieren und mit Zuckerperlen und Dekorzucker dekorieren.

SCHÄTZE DER SONNE

TEE- ODER MILCHGEWÜRZ

ZUTATEN

1 Tonkabohne • 1 EL gemahlene Kurkuma • 3 EL Zimtblüten • ½ TL gemahlener Langpfeffer • 3 EL Sonnenblumenblütenblätter

ANLEITUNG

Die Tonkabohne mit der Muskatreibe zu einem Viertel reiben; das entspricht ungefähr ¼ TL. Die geriebene Tonkabohne mit den Gewürzen und den Blütenblättern in ein Weck- oder Schraubglas (½ l Inhalt) geben und durch kreisförmige Bewegungen des Glases mischen. Zur Aufbewahrung in ein luftdicht verschließbares Gefäß oder einen Plastikbeutel füllen.

WINTERLICHER MILCHPUNSCH

ZUTATEN (FÜR 6 PORTIONEN)

500 ml Milch • 1 EL Gewürzmischung Schätze der Sonne • 3 Eigelb • 120 g Zucker • 150 g Sahne • 300 ml Weißwein • Zimt zum Bestäuben

ANLEITUNG

1 Die Milch in einem Topf mit der Gewürzmischung mischen und aufkochen. 15 Minuten ziehen lassen, dann abseihen.

2 Eigelbe, Zucker und Sahne in einem Topf unter ständigem Rühren bei schwacher Hitze erhitzen, aber nicht kochen. Die Milch und den Weißwein einrühren. In Gläser füllen und mit Zimt bestäubt servieren.

SCHNEEWITTCHENS GEHEIMNIS

SCHOKO-KIRSCH-GEWÜRZ

ZUTATEN

1 Tonkabohne • 3 EL Kakao • 2 EL gefriergetrocknete Kirschen, fein gewürfelt • 5 EL Kokosblütenzucker • ½ TL gemahlener Kardamom • ½ TL Zimt • 1 TL zerkleinerte Zitronenschale • ½ TL zerkleinerte Orangenschale • ¼ TL gemahlene Muskatnuss • ¼ TL Chilipulver

ANLEITUNG

Die Tonkabohne auf einer Muskatreibe reiben, bis ein Achtel gerieben ist; das entspricht ungefähr 1/8 TL. Kakao, Kirschwürfel und Kokosblütenzucker in ein Weck- oder Schraubglas (½ l Inhalt) geben und durch kreisförmige Bewegungen des Glases mischen. Tonkabohne und die restlichen Zutaten zugeben und erneut durch Bewegen des Glases mischen. Zur Aufbewahrung in ein luftdicht verschließbares Gefäß oder einen Plastikbeutel füllen.

SCHNELLER KIRSCHKUCHEN VOM BLECH

ZUTATEN
(FÜR 1 BLECH, 25 CM x 36 CM)

1050 g entsteinte Schattenmorellen (Glas) • 250 g Butter • 5 Eier (Größe M) • 250 g Zucker • 250 g Mehl (Type 405) • 4 EL Gewürzmischung Schneewittchens Geheimnis

ANLEITUNG

1 Die Kirschen in einem Sieb abtropfen lassen. Die Butter in einem Topf langsam schmelzen. Eier und Zucker in einer Schüssel schaumig rühren. Die flüssige, noch warme Butter unterrühren. Das Mehl portionsweise zugeben und alles zu einen glatten Teig verrühren.

2 Den Backofen auf 180 °C Ober- und Unterhitze vorheizen. Den Teig auf einer mit Backpapier ausgelegten Fettpfanne verteilen. Die abgetropften Kirschen in einer Schüssel mit der Gewürzmischung vermengen und gleichmäßig auf dem Teig verteilen. Den Kuchen auf der mittleren Schiene ca. 40 Minuten backen.

OMAS WAFFELZAUBER

WAFFELWÜRZE

ZUTATEN

1 Vanilleschote • 1 EL zerkleinerte Zitronenschale • 1 EL Zimt • ½ TL gemahlener Kardamom • 1/8 TL gemahlener Anis

ANLEITUNG

Die Vanilleschote längs aufschneiden und das Mark mit einem Messer herausschaben. Das Mark in einer Schüssel mit der Zitronenschale mischen. Die Vanille-Zitronen-Mischung mit den restlichen Zutaten in ein Weck- oder Schraubglas (½ l Inhalt) geben und durch kreisförmige Bewegungen des Glases mischen; darauf achten, dass sich das Mark gut verteilt und nicht klumpt. Zur Aufbewahrung in ein luftdicht verschließbares Gefäß oder einen Plastikbeutel füllen.

FEINE SANDWAFFELN

ZUTATEN
(FÜR 8 STÜCK)

200 g Butter • 150 g Zucker • 1 EL Gewürzmischung Omas Waffelzauber • 4 Eier • 250 g Mehl (Type 405)

ANLEITUNG

1 Die Butter mit dem Zucker, der Gewürzmischung und den Eiern cremig schlagen. Nach und nach das Mehl zufügen und alles zu einen glatten Teig verrühren.

2 Das Waffeleisen vorheizen und einfetten. Den Teig portionsweise zu goldgelben Waffeln ausbacken.

CHRISTKINDS KÖSTLICHKEIT

SPEKULATIUSGEWÜRZ

ZUTATEN

2 EL Zimt • 1 TL gemahlene Gewürznelke • 1 TL gemahlener Ingwer • ½ TL gemahlener Sternanis • ½ TL gemahlener Kardamom • ¼ TL gemahlene Muskatnuss

ANLEITUNG

Die Gewürze in ein Weck- oder Schraubglas (½ l Inhalt) geben und durch kreisförmige Bewegungen des Glases mischen. Zur Aufbewahrung in ein luftdicht verschließbares Gefäß oder einen Plastikbeutel füllen.

WEIHNACHTLICHES TIRAMISU

ZUTATEN
(FÜR 4–6 PORTIONEN)

350 g Schattenmorellen (Glas) • 250 g Quark (20 % Fett) • 250 g Mascarpone • 2 EL Milch • 2 EL Vanillezucker • ¼ l Rotwein • 2 TL Gewürzmischung Christkinds Köstlichkeit plus 1 TL zum Garnieren • 200 g Mandelspekulatius

ANLEITUNG

1 Die Schattenmorellen in einem Sieb abtropfen lassen. Quark, Mascarpone, Milch und Vanillezucker in einer Schüssel glattrühren.

2 Den Rotwein mit der Gewürzmischung in einem kleinen Topf aufkochen und ca. 10 Minuten lang auf die Hälfte einkochen. Den Mandelspekulatius in Stücke brechen und zu der Rotwein-Mischung geben. Mit einer Gabel gut durchmischen.

3 Quarkcreme, getränkte Spekulatiusstücke und Schattenmorellen abwechselnd in Tassen schichten, dabei mit der Quarkcreme beginnen und enden. Das Dessert mindestens 6 Stunden kalt stellen. Zum Schluss mit Gewürzmischung garnieren.

GOLD DER AZTEKEN

FÜR SÜSSSPEISEN UND KUCHEN

ZUTATEN

5 EL Kokosblütenzucker • 3 EL Kakao-Nibs • 2 EL Mohn • 1 EL gemahlene Haselnüsse • ½ TL gemahlener Kardamom • ¼ TL gemahlene Muskatnuss • ¼ TL gemahlene Gewürznelke • ¼ TL gemahlener Anis

ANLEITUNG

Kokosblütenzucker, Kakao-Nibs, Mohn und Haselnüsse in einer Schüssel vermengen. In ein Weck- oder Schraubglas (½ l Inhalt) geben, die restlichen Zutaten zufügen und alles durch kreisförmige Bewegungen des Glases mischen. Zur Aufbewahrung in ein luftdicht verschließbares Gefäß oder einen Plastikbeutel füllen.

SCHOKOBROWNIES

ZUTATEN
(FÜR 16 STÜCK)

150 g Vollmilchschokolade • 300 g Butter plus etwas für das Blech • 250 g Zucker • 4 Eier • 80 g Kakao • 40 g Gewürzmischung Gold der Azteken • 160 g Vollkornmehl plus etwas Mehl für das Blech • 1 Prise Salz • 200 g Schokotröpfchen

ANLEITUNG

1 Die Vollmilchschokolade hacken und mit der Butter in einem Topf bei niedriger Hitze schmelzen. Zucker und Eier in einer Schüssel schaumig schlagen, die lauwarme Schoko-Butter-Mischung unterrühren. Kakao, Gewürzmischung, Mehl und Salz einrühren. Zum Schluss die Schokotröpfchen unterheben.

2 Den Backofen auf 180 °C Ober- und Unterhitze vorheizen. Eine Fettpfanne fetten und mit Mehl bestäuben. Die Masse gleichmäßig darin verteilen und ca. 25 Minuten backen. In der Form auskühlen lassen und in Stücke schneiden.

DAS MAGISCHE QUARTETT

KUCHEN- UND DESSERTGEWÜRZ

ZUTATEN

1 Vanilleschote • 1 EL zerkleinerte Zitronenschale • 4 EL zerkleinerte Hibiskusblüten • 1 TL Zimt

ANLEITUNG

Die Vanilleschote längs aufschneiden und das Mark mit einem Messer herausschaben. Das Mark in einer Schüssel mit der Zitronenschale mischen. Die Vanille-Zitronen-Mischung mit den restlichen Zutaten in ein Weck- oder Schraubglas (½ l Inhalt) geben und durch kreisförmige Bewegungen des Glases mischen; darauf achten, dass sich das Vanillemark gut verteilt und nicht klumpt. Zur Aufbewahrung in ein luftdicht verschließbares Gefäß oder einen Plastikbeutel füllen.

APFELSTRUDEL

ZUTATEN
(FÜR 8–10 STÜCKE)

125 g Mehl plus etwas für die Arbeitsfläche • 70 ml Wasser • 1 EL Rapsöl • 1 Prise Salz • 3 säuerliche Äpfel • 1 TL Zitronensaft • 40 g Zucker • 80 g Semmelbrösel • 2 TL Gewürzmischung Das magische Quartett • 30 g Rosinen • 2 EL geschmolzene Butter • Puderzucker zum Bestäuben

ANLEITUNG

1 Mehl, Wasser, Öl und Salz in einer Schüssel verkneten. Den Teig und in Frischhaltefolie gewickelt 1–2 Stunden kaltstellen.

2 Die Äpfel schälen, klein schneiden und in einer Schüssel mit Zitronensaft, Zucker, Semmelbröseln, Gewürzmischung und Rosinen vermengen.

3 Den Backofen auf 180 °C vorheizen. Den Teig auf der bemehlten Arbeitsfläche quadratisch ausrollen, auf ein Küchenhandtuch heben und sehr dünn auseinanderziehen. Mit etwas flüssiger Butter bestreichen. Die Füllung auf dem unteren Viertel mit 2 cm Abstand zum Rand verteilen. Den Rand umklappen. Den Strudel eng aufrollen, auf ein Backblech (Backpapier) legen, mit etwas flüssiger Butter bestreichen und 35 Minuten backen. Nach der Hälfte der Backzeit mit der restlichen Butter bestreichen. Mit Puderzucker bestäuben.

NASCH-KÄTZCHEN

SCHOKO-GEWÜRZ-MISCHUNG

ZUTATEN

1 Vanilleschote • 3 EL Rohrzucker • 5 EL Kakao • ¼ TL Zimt • ¼ TL zerkleinerte Zitronenschale • ¼ TL gemahlener Sternanis • 1 Msp. gemahlener Langpfeffer • 1 Msp. gemahlene Gewürznelke

ANLEITUNG

Die Vanilleschote längs aufschneiden und das Mark mit einem Messer herausschaben. Das Mark in einer Schüssel mit dem Zucker mischen. Die Vanille-Zucker-Mischung mit den restlichen Zutaten in ein Weck- oder Schraubglas (½ l Inhalt) geben und durch kreisförmige Bewegungen des Glases mischen; darauf achten, dass sich das Vanillemark gut verteilt und nicht klumpt. Zur Aufbewahrung in ein luftdicht verschließbares Gefäß oder einen Plastikbeutel füllen.

ENERGY BALLS

ZUTATEN
(FÜR 12 STÜCK)

12 Medjool-Datteln • 125 g gemahlene Mandeln • 2 EL Chia-Samen • 2 EL Gewürzmischung Naschkätzchen • 2 EL Mandelmus • 6 EL Mandelblättchen

ANLEITUNG

1 Die Datteln entsteinen. Mandeln, Chia-Samen, Gewürzmischung, Mandelmus und die Hälfte der Datteln im Mixer fein pürieren. Die restlichen Datteln zufügen und pürieren, bis eine homogene Masse entsteht.

2 Die Masse mit den Händen zu kleinen Kugeln formen. Die Kugeln in den Mandelblättchen rollen, sodass sie gleichmäßig davon ummantelt sind.

CRAFT WRAPPING

MIT LIEBE GESTALTETE VERPACKUNGSIDEEN FÜR JEDES GEWÜRZ

WITH LOVE

SCHACHTEL MIT STEMPELDRUCK

MATERIAL

Metalldose, ø 6 cm, 5,2 cm hoch • Kraftkarton, A4 • Öse in Schwarz, ø 1,3 cm • Ripsband mit Steppung in Schwarz-Weiß, 6 mm breit, ca. 10 cm lang • Stempelkissen in Schwarz oder Weiß • Stanzschablone „Besteckherz", ca. 3 cm x 3 cm • Stanze „Kreis", ø 4,5 cm • Buchstabenstempel, ca. 2,8 cm hoch • doppelseitiges Klebeband • Ösensetzer • Lochstanzer • Falzbein

ANLEITUNG

1 Für das Etikett aus Kraftkarton mit der Stanzschablone zunächst ein Besteckherz und dann um das Herz herum einen Kreis ausstanzen.

2 Für die Schachtel aus dem Kraftkarton zwei 6,2 cm x 25 cm große Streifen zurechtschneiden. Einen Streifen mit dem Falzbein quer nach 6,2 cm, nach 11,6 cm, nach 17,8 cm und zum Schluss nach 23,2 cm falzen. Den zweiten Streifen quer nach 6,3 cm, nach 11,9 cm, nach 18,2 cm und nach 23,8 cm falzen. Die überstehenden Enden werden später als Klebelasche benötigt.

3 Die Streifen falten, aber noch nicht kleben, und wie auf dem Foto gezeigt in den rechteckigen Feldern (6,2 cm x 5,4 cm und 6,2 cm x 5,6 cm) mit den Buchstabenstempeln in Schwarz und Weiß bedrucken; die quadratischen Felder (6,2 cm und 6,3 cm Höhe) bilden Deckel und Boden und werden nicht bestempelt; darauf achten, dass sich auf jedem Streifen die beiden Buchstabenpaare über Kopf gegenüberstehen.

4 Eine Öse in dem Streifen mit den etwas größeren Falzabständen anbringen, dazu in das unbestempelte Rechteck zwischen den beiden Buchstabenpaaren ein Loch stanzen. Ein Stück Ripsband doppelt legen und um den Schaft der Öse legen. Die Öse anschließend mit dem Ösensetzer im Karton befestigen.

5 Die Streifen an den Laschen mit doppelseitigem Klebeband zu Schubern zusammenkleben. Zunächst den kleineren Schuber, dann den größeren Schuber rechtwinklig versetzt über die Dose schieben, sodass die Buchstaben sich über Eck sinnvoll zusammenfügen.

WITH
WITH
LOVE

GLÜCK AUS DER KÜCHE

PAPIERTÜTE MIT HANDLETTERING

MATERIAL

Papiertüte mit Standboden in Weiß, ca. 10 cm x 5,7 cm, 24 cm hoch • Transferfolie in Gold, Rest • Klemmbrettklammer in Gold • Brushpen in Schwarz • passender feiner Klebestift

ANLEITUNG

1 Die Papiertüte mit dem Brushpen nach Wunsch beschriften. Dabei Linien, die von oben nach unten führen, mit Druck auftragen – so entstehen dicke Linien. Bei Linien, die von unten nach oben führen, den Stift hingegen nur locker ziehen – so entstehen dünne Linien.

2 Mit dem Klebestift nach Wunsch Punkte auf die Tüte auftragen. Kurz antrocknen lassen. Die Transferfolie mit der matten Seite nach unten auf die Klebestellen legen. Mit einem weichen Tuch und leichtem Druck darüber reiben und die Folie abziehen.

3 Das Gewürzglas in die Tüte stellen, den Tütenrand zweimal falten und mit einer Klemmbrettklammer fixieren.

TIPP

Transferfolie haftet nicht auf jedem Klebstoff. Verwenden Sie nur die passenden Klebestifte, die in verschiedenen Stärken erhältlich sind. Beachten Sie die Herstellerangaben.

Glück
aus der
KÜCHE
Glück
aus der
KÜCHE

Made with love for you
Essen ist ein BEDÜRFNIS Genießen eine KUNST
Essen ist ein BEDÜRFNIS Genießen eine KUNST

GENIESSEN IST EINE KUNST

HÜBSCH VERPACKTES GLASRÖHRCHEN

MATERIAL

Reagenzglas, 10 cm lang • passender Spitzkorken • Designpapier „Leinen" in Senfgelb oder Schwarz, A3 • Designpapierrest in Senfgelb oder Schwarz • Handlettering-Stempel „Essen ist ein Bedürfnis Genießen eine Kunst" • Wasserzeichen-Stempelkissen • Embossing-Pulver in Schwarz oder Weiß • Etikett „Kochmütze" • Öse in Schwarz, ø ca. 8 mm • doppelseitiges Klebeband • Klebstoff • Nymogarn in Schwarz, Rest • Embossing-Föhn • Stanzschablone „Herzrahmen", ø ca. 1,7 cm • Stanze „Kreis", ø ca. 1,5 cm • Falzbein • Ösenzange • 3-D-Pad

ANLEITUNG

1 Aus dem Designpapier einen 4,4 cm x 30,5 cm langen Streifen zurechtschneiden. Den Streifen quer nach 5 cm, nach 17 cm, nach 19,5 cm, nach 26,5 cm und nach 29 cm mit dem Falzbein falzen. Das überstehende Stück wird später als Klebelasche benötigt. Den Streifen wie auf dem Foto falten, aber noch nicht zusammenkleben: Das lange Rechteck bildet später die Rückseite, die beiden kurzen Teile (4,4 cm x 2,5 cm) Boden und Deckel.

2 In den Deckel (das 4,4 cm x 2,5 cm große Feld neben der Klebelasche) mittig einen Kreis stanzen oder schneiden, der so groß ist, dass das Reagenzglas gerade hineinpasst. Achten Sie darauf, dass das Loch nicht zu groß ist, da das Reagenzglas sonst später zu locker sitzt.

3 Das 7 cm x 4,4 cm große Feld mit Hilfe des Wasserzeichen-Stempelkissens nach Herstelleranleitung bestempeln. Achten Sie darauf, dass beim Stempeln die Klebelasche oben liegt, sonst steht der Stempeldruck später auf dem Kopf. Embossing-Pulver darüberstreuen und das Pulver mit dem Embossing-Föhn fixieren.

4 Das 4,4 cm x 5 cm große Feld und die Rückseite bündig aufeinanderlegen und durch beide Lagen rechts oben ein Herz stanzen. Einen Herzrahmen aus Designpapier stanzen und darüber kleben.

5 Die Klebelasche mit doppelseitigem Klebeband vorderseitig auf das Rechteck kleben, das die Rückseite der Verpackung bildet. Öse und Schnur an das Kochmützen-Etikett anbringen und das Etikett als Verzierung mit dem 3-D-Pad aufkleben. Gewürzmischung in das Reagenzglas füllen, mit dem Korken verschließen und in die Verpackung stecken.

BRIEF UND SIEGEL

HERZIG VERSIEGELTE PAPIERTÜTCHEN

MATERIAL

Papiertüte in Gelb-Weiß gestreift oder Weiß mit schwarzen Punkten, ca. 12,9 cm x 16,8 cm • Stanzschablone „Blätterkranz“, ø ca. 7,5 cm • Cardstockreste in Schwarz und Gelb • Transparentpapierrest • Siegelwachs in Schwarz • Schmelzlöffel • Petschaft „Herz“, ø ca. 2,4 cm • Bastelkleber mit feiner Spitze

ANLEITUNG

1 Die Gewürzmischung in die Tüte füllen und den oberen Tütenrand zweimal einschlagen, sodass eine ca. 4,5 cm lange Lasche entsteht, und falten. Die Lasche anschließend an beiden Seitenkanten schräg ca. 1 cm nach innen falten.

2 Das Siegelwachs (ca. 1,5 cm der Stange) in einem Schmelzlöffel über einem Teelicht schmelzen. Das flüssige Wachs auf den unteren Rand der Lasche und die Tüte geben, sodass es die Lasche verschließt. Das Petschaft in das noch heiße Wachs drücken. Das Wachs einige Sekunden aushärten lassen und das Petschaft entfernen.

3 Mit der Stanzschablone aus Transparentpapier und Cardstock jeweils einen Blätterkranz stanzen. Auf die Rückseite der Blätterkränze an zwei bis drei Stellen sehr sparsam Klebstoff auftupfen und die Kränze rund um das Siegel kleben.

TIPP

Wenn Sie noch keine Erfahrung mit Siegelwachs haben, probieren Sie zunächst an einem Papierrest aus, welche Wachsmenge für einen vollständigen Siegelabdruck benötigt wird.

enjoy
enjoy

ENJOY

SCHRAUBGLAS MIT CHALKY FINISH

MATERIAL

kleines Glas mit Schraubdeckel • Chalky Finish in Meergrün • Kreidestift in Weiß • Bleistift (H) • Transparentpapierrest • Designpapierrest „Fische“ • Designpapierrest „Zitronen“ • dünner Kordelrest in Weiß • 3D-Klebepad, 2 mm stark • Pinsel • Einlochstanzer

ANLEITUNG

1 Den Schraubdeckel zwei bis drei Mal mit Chalky Finish bemalen; die Farbe nach jedem Anstrich gut trocknen lassen.

2 Den Deckel mit dem Kreidestift beschriften. Dafür nach Wunsch eine Schablone anfertigen. Dazu den Wunschtext auf Transparentpapier schreiben; der Text sollte etwas kleiner als der Deckel sein. Die Kontur der Schrift auf der Rückseite des Papiers mit dem Kreidestift nachfahren. Das Transparentpapier anschließend auf dem Deckel positionieren und die Kontur mit einem harten Bleistift nachfahren. Das Transparentpapier entfernen und den Schriftzug mit dem Kreidestift nachzeichnen.

3 Für den Anhänger eine Zitronenscheibe und einen Fisch aus dem Designpapier ausschneiden. Den Fisch mit einem Klebepad auf die Zitronenscheibe kleben. Ein Loch in die Zitronenscheibe stanzen, ein Stück Kordel durchfädeln und um das Glas binden.

KISS
THE
COOK
PRAISE
THE
COOK

PRAISE THE COOK

DOSE MIT ANHÄNGER AUS MODELLIERMASSE

MATERIAL

Metalldose in Schwarz, ø ca. 9,5 cm • Modelliermasse in Weiß (lufttrocknend) • Ripsband mit Steppung in Schwarz, 6 mm breit, ca. 35 cm lang • Stempel „Praise the Cook" oder „Kiss the Cook", ca. 3,3 cm x 2,6 cm • Trinkhalm • Nudelholz oder Trinkglas • Kreisausstecher, ø ca. 5,4 cm • feines Schleifpapier

ANLEITUNG

1 Die Modelliermasse 4 mm dick auf Frischhaltefolie ausrollen. Einen Kreis ausstechen. In die noch weiche Masse vorsichtig den Stempel eindrücken. Mit dem Trinkhalm am Rand zwei einander gegenüberliegende Löcher für die Befestigung ausstechen und den Anhänger einige Stunden zum Trocknen auf einen glatten Untergrund legen.

2 Kleine Unebenheiten am Anhänger ggf. mit Schleifpapier glätten. Anschließend das Ripsband durch die Löcher fädeln, den Anhänger auf den Deckel der Dose legen und das Band auf der Unterseite der Dose mit einem Knoten verschließen oder zusammenkleben.

VIEL SPASS BEIM KOCHEN

DREIECKIGE SCHACHTEL MIT KRÄUTERZWEIGEN

MATERIAL

Reagenzglas, ø 25 mm, 15 cm lang • passender Spitzkorken • Designpapier mit Leinenstruktur in Grün oder in Grün-Weiß kariert, ca. 26 cm x 15 cm • Cardstock-Reste in Weiß und Olive • transparente Hartfolie, A5 • doppelseitige Klebefolie • gewachste Baumwollkordel in Weiß und Grün, ca. 37 cm lang • Stanzschablonen „Rosmarin" und „Thymian" • Stempel „Viel Spaß beim Kochen" • Stempelfarbe oder Embossingpulver in Olive • Öse in Olive • Ösenzange • Lochstanze, ø 1–2 mm • Falzbein

ANLEITUNG

1 Zeichnen Sie sich auf der Rückseite des Designpapiers die Schablone für die Schachtel.
Hierfür drei gleich große Rechtecke à 4,6 cm x 17,5 cm und eine 1 cm breite Klebelasche, jeweils an den langen Kanten verbunden, nebeneinander zeichnen. Für Boden und Deckel an den kurzen Seiten eines Rechtecks jeweils ein gleichseitiges Dreieck zeichnen; alle Dreiecksseiten sollten 4,6 cm lang sein. An die freien Dreieckseiten jeweils eine 1 cm breite Lasche zeichnen und an den kurzen Seiten abschrägen; die Laschen werden später in die Schachtel gesteckt. Die Schablone an der äußeren Kontur ausschneiden und die Falzkanten mit dem Falzbein nachziehen.

2 Das mittlere Rechteck mit doppelseitiger Klebefolie hinterkleben und in diesem Drittel einen Rosmarin- oder Thymianzweig ausstanzen. Aus der Hartfolie ein 4,4 cm x 17,3 cm großes Rechteck schneiden und auf die doppelseitige Klebefolie kleben.

3 Im oberen Viertel jedes Rechtecks 8 mm von jeder Falzkante entfernt kleine Löcher stanzen, durch die später die Kordel gezogen wird; die Löcher sollten so groß sein, dass die Kordel gerade durchpasst. Die Schachtel an der langen Klebelasche zusammenkleben und die Laschen an Boden und Deckel einstecken. Die Kordel durch die Löcher ziehen.

4 Aus Cardstock Rosmarin- und Thymianzweige in beiden Farben stanzen. Ein Etikett mit dem Wunschtext bestempeln und eine Öse anbringen. Anhänger und Etikett an der Kordel befestigen.

VIEL SPASS BEIM KOCHEN
VIEL SPASS BEIM KOCHEN

REGISTER

Ajurveda-Bowl 75
Allgewürz 29
Ananassalbei 32
Anis 10, 114, 118
Anispfeffer 34
Apfelstrudel 120

Badian 35
Baharat 25
Balsamstrauch 30
Bandanuss 24
Basilikum 11, 52, 64, 68, 96, 98
Beißbeere 26
Bergpfeffer 34
Binsenlauch 33
Bird Pepper 14
Blütenpfeffer 34
Bockshornklee 12, 102, 104
Bohnenkraut 13, 62, 70
Bouquet garni 27
Bratenkraut 23
Brathähnchen 86
Brautkraut 30
Brislauch 33
Brotanis 16
Brotgewürzmischung 48
Brotsamen 10, 16
Buntes Wok-Gericht mit Rindfleisch 57

Cajun-Gewürz 91
Capsaicin 14, 26
Ceylon-Zimt 40
Chili 14, 72, 82, 86, 90, 92, 94, 112
Chilischoten 26
Chimichurri-Gewürzmischung 51
China-Anis 35
Chinesischer Pfeffer 34
Chinesischer Zimt 40
Chinesische Wurzel 21
Clam Chowder 81
Curry 12, 17, 18, 20, 21, 101, 102, 105

Dill 15, 62, 78, 80
Dillfenchel 15
Dinkelbrot mit Sonnenblumenkernen 48
Dost 23

Echter Zimt 40
Energy Balls 123

Feine Sandwaffeln 115
Felsensellerie 27
Fenchel 15, 16, 56, 76, 86
Fenugreek 12
Feurige Spareribs 89
Fruchtsalbei 32
Fünf-Gewürze-Pulver 16, 25, 34, 35

Garam Masala 20, 25
Garnelen mit Chimichurri 51
Gebratene Glasnudeln mit Hähnchen 76
Gegrillte Dorade 78
Gelber Ingwer 21
Gelbe Würze 31
Gelbwurz 21
Gemeiner Dost 23
Gemeiner Zimt 40
Gewürze abmessen 43
Gewürze kaufen 42
Gewürze lagern 44
Gewürze mahlen 44
Gewürze mischen 42, 43
Gewürznelke 25, 29
Gewürzpaprika 26
Gingerole 17
Graslauch 33
Griechischer Tee 32
Griechisches Heu 12
Grüner Kardamom 18
Grüner Pfeffer 28
Grusenich 33
Gurkenkraut 15

Haferkümmel 20
Haltbarkeit von Gewürzen 44
Hirtenbasilie 11
Hochzeitskügelchen 19

Imber 17
Immenkraut 36
Immerwurzel 17
Indischer Blumenkohl mit Kartoffeln 96
Indischer Paprika 26
Indischer Safran 21
Ingwer 17, 52, 57, 72, 82, 101, 102, 108, 116

Jakobszwiebel 33
Jamaikapfeffer 29
Jambalaya 91
Japanischer Pfeffer 34
Josefskräutlein 11

Kaddigbeere 39
Kardamom 18, 52, 56, 102, 108, 113, 115, 116, 118
Kaschmir-Kreuzkümmel 20
Kassiazimt 40
Kebab 92
Kichererbseneintopf 94
Knoblauch 33, 51, 52, 54, 57, 60, 71, 72, 81, 89, 91, 94, 96, 99, 101, 102
Köfte-Gewürz 92
Kölle 13
Königsbalsam 11
Königskraut 11
Königssalbei 32
Köppernickel 16
Koriander 19, 48, 52, 56, 72, 92, 96, 101, 102, 105
Kranzkraut 30
Kräuterbutter 69
Kreuzkümmel 20, 86, 92, 94, 105
Kreuzsalbei 32

Kronawitt 39
Kumin 20
Kurkuma 21, 31, 48, 52, 72, 101, 102, 110
Kuttelkraut 36

Lachs in grüner Currysauce 105
Lamm nach indischer Art 102
Langer Kümmel 16
Langer Pfeffer 28
Lebkuchenfiguren 108
Lebkuchengewürz 108
Lemongras 41
Lorbeer 22, 51, 59, 69, 81

Machandel 39
Macis 24, 105
Majoran 23, 78
Malargras 41
Marienkraut 30
Marktsalat 64
Meertau 30
Möhren-Kürbis-Suppe 52
Muskatblüte 24
Muskatellerkraut 32
Muskatnuss 24, 52, 60, 105, 113, 116, 118
Mutterkümmel 20

Nägelein 25
Nelke 25, 57, 76, 108, 116, 118, 123
Nelkenpfeffer 29
Neugewürz 29

Oregano 23, 48, 51, 54, 59, 69, 78, 91, 94

Paprika 26, 52, 54, 64, 76, 86, 88, 90, 92, 94, 98, 101
Peperoncini 14
Peperoni 14
Petergrün 27
Peterle 27
Peterling 27
Petersilie 27, 50, 54, 58, 64
Pfeffer 28
Pfefferkörner 28
Pfefferkraut 13
Pfefferkümmel 20
Pfefferschote 14
Pfirsichsalbei 32
Pilzrisotto 60
Piment 29, 86, 108
Provençalisches Kaninchen 59

Räucherstrauch 39
Rauchsalbei 32
Reckolder 39
Rigatoni mit Tomatensauce 54
Römischer Kümmel 20
Rosa Pfeffer 28
Rosen-Paprika 26
Rosmarin 30, 48, 58, 68, 78, 98
Roter Pfeffer 26

Saflor 31
Safran 31, 60
Salbei 32, 58, 78, 99
Sarrapia 37
Schabzigerklee 12
Schaleiblätter 32
Scharfe Ofenwurzeln 99
Schmale Sofie 32
Schneller Kirschkuchen vom Blech 113
Schnittlauch 33, 48, 64
Schnittling 33
Schokobrownies 118
Schwarzer Pfeffer 28
Schweinebraten mit Senfkruste 62
Schwindelkorn 19
Serehgras 41
Shogaole 17
Sichuanpfeffer 34, 76
Sieben-Gewürze-Mischung 34
Sommerbohnenkraut 13
Spanischer Paprika 26
Spareribs-Rub 89
Sternanis 35, 56, 76, 116, 123
Suppenblatt 22
Suppengelb 31
Suppenkraut 36
Suppennuss 24
Süßer Kümmel 10
Süßkartoffelsalat mit Feta 82
Szechuanpfeffer 34

Tandoori 20
Teegewürz 110
Tepin-Chili 14
Thymian 36, 50, 58, 68, 78, 90
Tonkabohne 37, 110, 112
Tumerik 21
Türkischer Paprika 26
Türkischer Safran 31

Ungarischer Paprika 26

Vanille 37, 38, 74, 114, 120, 122
Vanillin 38
Veganes Thai-Curry 101

Wacholder 39, 62
Waffelwürze 115
Wanzenkraut 19
Wanzenkümmel 20
Weihnachtliches Tiramisu 116
Weihrauchkraut 30
Weinkraut 13
Weißer Pfeffer 28
Welscher Quendel 36
Winterbohnenkraut 13
Winterlicher Milchpunsch 110
Worcestersauce 21, 25, 89
Wurstkraut 23
Würzige Garnelenspieße 72

Zahnblatt 32
Zahnsalbei 32
Zaziki 71
Zimt 40, 52, 72, 76, 92, 101, 108, 110, 112, 114, 116, 120, 122
Zimtnelke 40
Zitronengras 41, 58, 86, 108
Zitronenpfeffer 28
Zitronenthymian 36

Buchempfehlungen für Sie

ISBN 978-3-7724-8058-4

ISBN 978-3-7724-8057-7

ISBN 978-3-7724-8041-6

ISBN 978-3-7724-8055-3

ISBN 978-3-7724-8047-8

ISBN 978-3-7724-8060-7

ISBN 978-3-7724-8056-0

ISBN 978-3-7724-8051-5

ISBN 978-3-7724-8061-4

ISBN 978-3-7724-8059-1

ISBN 978-3-7724-8053-9

ISBN 978-3-7724-8050-8

Kreativ-Bücher finden Sie auf www.TOPP-kreativ.de

Weitere Ideen zum Selbermachen gesucht?

Lieblingsstücke von einfach bis einfach genial finden Sie bei TOPP!
Lassen Sie sich auf unserer Verlagswebsite, per Newsletter
oder in den sozialen Netzwerken von unserer Vielfalt inspirieren!

Website

Verlockend: Welcher Kreativratgeber soll es für Sie sein? Schauen Sie doch auf **www.TOPP-kreativ.de** vorbei & stöbern Sie durch die neusten Hits der Saison!

TOPP-Autoren

Sie wollen wissen, wer die „Macher" unserer Bücher sind? Wer Ihnen nützliche Tipps & Tricks gibt? Auf **www.TOPP-kreativ.de/Autor** warten jede Menge spannender Infos zum jeweiligen Autor auf Sie. Finden Sie heraus, welches Gesicht hinter Ihrem Lieblingsbuch steckt!

Facebook

Werden Sie Teil unserer Community & erhalten Sie brandaktuelle Informationen rund ums Handarbeiten auf **www.Facebook.com/Mitstrickzentrale**
Wer sich für Basteln, Bauen, Verzieren & Dekorieren interessiert, ist auf **www.Facebook.com/Bastelzentrale** genau richtig!

Pinterest

Sie sind auf der Jagd nach den neusten Trends? Sie suchen die besten Kniffe? Die schönsten DIY-Ideen? All' das & noch vieles mehr gibt es von TOPP auf **www.Pinterest.com/Frechverlag**

Newsletter

Bunt, fröhlich & überraschend: Das ist der TOPP-Newsletter! Melden Sie sich unter: **www.TOPP-kreativ.de/Newsletter** an & wir halten Sie regelmäßig mit Tipps & Inspirationen über Ihr Lieblingshobby auf dem Laufenden!

Extras zum Download in der Digitalen Bibliothek

Viele unserer Bücher enthalten digitale Extras: Tutorial-Videos, Vorlagen zum Downloaden, Printables & vieles mehr. Dieses Buch auch? Dann schauen Sie im Impressum des Buches nach. Sofern ein Freischaltcode dort abgebildet ist, geben Sie diesen unter **www.TOPP-kreativ.de/DigiBib** ein. Nach erfolgreicher Registrierung erhalten Sie Zugang zur digitalen Bibliothek & können sofort loslegen.

YouTube

Sie wollen eine ganz neue Technik ausprobieren? Sie arbeiten an einem spannenden Projekt, aber wissen nicht weiter? Unsere Tutorials, Werbetrailer, Interviews & Making Of's auf **www.YouTube.com/Frechverlag** helfen Ihnen garantiert dabei, den passenden Ratgeber von TOPP zu finden.

Instagram

Sie sind auf Instagram unterwegs? Super, TOPP auch. Folgen Sie uns! Sie finden uns auf **www.Instagram.com/Frechverlag**
Möchten Sie uns an Ihrem Lieblingsprojekt teilhaben lassen? Am besten posten Sie gleich ein Foto mit dem Hashtag **#frechverlag** & wir stellen Ihr Werk gerne unserer Community vor – yeah!

Alles in einer Hand gibt's hier:

Kreativ-Bücher finden Sie auf www.TOPP-kreativ.de

DANKSAGUNG

Ein herzliches Dankeschön geht an Alexandra Renke (Rösrath), Rayher (Laupheim), Rico Design (Brakel) und Hema (Essen) für die freundliche und großzügige Bereitstellung von Materialien.

IMPRESSUM

IDEE/KONZEPT: Claudia Mack
TEXTE UND REZEPTE: Anne Iburg
MODELLE: Gesine Harth
FOTOS: frechverlag GmbH, 70499 Stuttgart; lichtpunkt, Michael Ruder, Stuttgart (Cover, Gewürzmischungen und Modelle); Rezeptfotos: istockphoto.com: 123object (S. 64), AD077 (S. 94), AND-ONE (S. 48), AnnaPustynnikova (S. 52), cookedphotos (S. 102), Floortje (S. 71), Geshas (S. 99), GMVozd (S. 110, 115), haoliang (S. 82), hatchapong (S. 105), haveseen (S. 108), iuliia_n (S. 123), Juanmonino (S. 81), LauriPatterson (S. 57, 60, 91), Lensmir (S. 118), ManuWe (S. 116), Maria_Lapina (S. 92), Mizina (S. 72), nndanko (S. 113), OksanaKiian (S. 54), phasinphoto (S. 69), robertsre (S. 62), Rocky89 (S. 101), Roxiller (S. 76), Teleginatania (S. 59), wmaster890 (S. 75), YelenaYemchuk (S.78); Shutterstock.com: luchezar (S. 51, 89); Adobe Stock: Printemps (S. 86), Helen Rushbrook/Stocksy (S. 96), Thomas Francois (S. 120)
ILLUSTRATIONEN: istockphoto.com: Alhontess (Umschlag, Schmutztitel, S. 5, 6, 9, 11, 15, 27, 30, 36, 47, 52, 59, 64, 67, 71, 78, 81, 91, 99, 125, 128, 131, 132, 138, Nachsatz), Awispa (S. 10, 118, 135), BrSav (S. 12), Epine_art (S. 14, 82, 85, 89, 96), geraria (S. 31, 38, 54, 75, 86), Goderuna (S. 20, 126), Nastasic (S. 16), seamartini (S. 17, 19, 32, 33, 41, 42, 48, 57, 62, 69, 76, 94, 101, 105, 108, 110, 116, 120, 123); Shutterstock: DianaFinch (S. 18, 24, 25, 35, 40, 60, 72, 92, 102, 107, 113, 115), NataLima (Vorsatz, S. 13, 22, 23, 44, 51, 137); freepik (S. 21, 28, 39)
PRODUKTMANAGEMENT: Janina Dieckmann
LEKTORAT: Christine Schlitt
DESIGN UND GESTALTUNGSKONZEPT: N I T R I B I T T Kommunikation & Design, www.nitribitt.com
LAYOUT UND SATZ: Eva Grimme
DRUCK UND BINDUNG: Livonia Print SIA, Lettland

1. Auflage 2019

Dieses Buch ist in zwei Versionen erhältlich:
Buchausgabe: ISBN: 978-3-7724-8062-1 Best.-Nr. 8062
Buch im Set mit Messlöffeln: ISBN: 978-3-7724-8063-8 Best.-Nr. 8063

Download-Code zum Freischalten der Etiketten: **17358**